BIBLIOTHÈQUE

DES CHEMINS DE FER

PREMIÈRE SÉRIE

GUIDES DES VOYAGEURS

Imprimerie de Ch. Lahure (ancienne maison Crapelet,
rue de Vaugirard, 9, près de l'Odéon.

ITINÉRAIRE

DU CHEMIN DE FER

DE PARIS A DIEPPE

PAR JULES JANIN

OUVRAGE ILLUSTRÉ

de 54 vignettes dessinées par Morel-Fatio et Daubigny
d'une carte et de deux plans

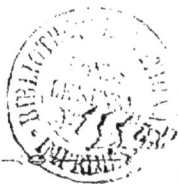

PARIS

LIBRAIRIE DE L. HACHETTE ET Cie

RUE PIERRE-SARRAZIN, N° 14

Paris (vue prise du pont du Carrousel).

INTRODUCTION

Le voyage de Paris à la mer, par Rouen et le Havre, offre un sujet d'étude historique du plus haut intérêt : à chaque pas, dans ce chemin semé de souvenirs, se rencontre une découverte, tantôt pour l'historien, tantôt pour l'artiste, tantôt pour l'archéologue; pour le philosophe, pour le poëte, pour le rêveur, pour le premier venu ; en un mot, c'est là un chemin pittoresque, varié et charmant.

La poésie du dix-neuvième siècle, il faut le dire, c'est la vapeur. Autrefois il n'y avait que les vrais poëtes pour s'aventurer, sur les ailes de l'imagination, dans les pays inconnus ; aujourd'hui, sur les ailes de flamme de la vapeur, tout le monde est poëte.

1

C'était moins pour favoriser les intérêts particuliers que pour conso-
lider leurs conquêtes et pour en préparer de nouvelles, que Rome et
Carthage sillonnaient leur empire de ces magnifiques voies, dont la
construction solide et monumentale étonne encore nos regards. On
comptait, rien que dans la Sicile, plus de six cents lieues pavées par
les Romains, près de cent lieues dans la Sardaigne, soixante-treize en
Corse, onze cents dans les Iles Britanniques, un nombre beaucoup plus
considérable en Italie, dans les Gaules et en Espagne ; quatre mille deux
cent cinquante dans l'Asie, quatre mille six cent soixante-quatorze en
Afrique. De savants géographes ont calculé que le parcours réuni de
toutes les grandes voies romaines pouvait représenter quarante mille
lieues ; mais aucune ne se rattachait à un système de communication ;
la plupart de ces voies triomphantes, et vraiment romaines, longeaient
le littoral de la mer, pour soutenir les opérations de la flotte, dont les
galères étaient, chaque soir, tirées à terre : c'étaient, en un mot, des
routes stratégiques sur lesquelles les légions romaines s'avançaient pour
conquérir le monde. Le système de viabilité bien arrêté des peuples
modernes n'a aucun point de ressemblance avec ces sentiers du grand
peuple. Créé dans un but tout pacifique, il ne tend qu'à rendre plus
faciles les relations commerciales, à rapprocher les divers foyers de
production, à augmenter les débouchés de l'industrie. Les perfectionnements apportés à la navigation intérieure et extérieure ont déterminé
une grande partie de cette révolution... c'est aux chemins de fer à accomplir le reste.

La première application de ce système de communication perfec-
tionnée, date du dix-septième siècle. En 1649, M. de Beaumont vint
à Newcastle-upon-Tyne, où il fit une série d'expériences sur l'exploi-
tation des houillères et sur le *transport* de leurs produits dans des
voitures d'une construction nouvelle. Quoique l'on ne sache pas pré-
cisément en quoi consistait son invention, M. Ward le regarde comme
le premier inventeur des *rails-ways*, et, comme tous les inventeurs,

M. de Beaumont eut l'honneur de se ruiner de fond en comble. Ce qu'il y a de sûr, c'est qu'en 1676, des routes de ce genre existaient déjà ; car dans la Vie du garde des sceaux lord North , on trouve le passage suivant : « La manière de faire le transport consiste à poser des *rails* de bois, depuis la houillère jusqu'à la rivière, parfaitement droits et parallèles entre eux. On fait ensuite de gros chariots avec quatre rouleaux qui s'adaptent à ces rails, ce qui rend le transport si facile, qu'un seul cheval est en état de tirer quatre à cinq *chaldrons* (8 à 10 mille livres) de charbon, immense avantage pour les marchands. » L'observation était très-juste. En effet, sur un pavé neuf et bien exécuté, la résistance est quatre fois plus considérable que sur un chemin de fer ; sur une route en cailloux, cette résistance est huit fois plus forte, et sur une route en gravier, seize fois plus.

Cependant le peu de solidité et de durée que présentaient ces voies en bois obligea bientôt de les revêtir de plaques de fer ou de fonte, dans les parties où le frottement était le plus fort. En 1767, on employa exclusivement la fonte ; les premiers rails de fonte consistaient en bandes plates, avec un rebord ou épaulement intérieur, mais on sentit plus tard l'avantage de construire les chemins à rails saillants, et en fer malléable. En 1788, on imagina de faire agir le poids même des chariots, descendant le long des plans inclinés, au moyen d'une combinaison de poulies. En 1808, on commença à placer, au sommet des rampes, des machines à vapeur qui firent tourner un treuil sur lequel s'enroulait une corde fixée, par l'une de ses extrémités, aux chariots qu'il fallait élever. Enfin, en 1810, on fit usage des machines locomotives. Depuis ce temps, le nombre des chemins de fer en Angleterre, servant au transport, soit par la force des chevaux, soit par celle de la vapeur, s'est successivement accru. Liverpool et Manchester, Carlisle, Newcastle, le comté de Glamorgan, Cardiff et Mestyr Tidwil, Cromford and High, Peak, Birmingham et Bristol, Leeds et Selby, Canterbury et Whistable, etc., ont abrégé, ou pour mieux dire supprimé les distances, en créant des

1.

chemins de fer ; l'Écosse et l'Irlande ont suivi l'exemple de Londres, mais sur une moindre échelle. La plupart de ces entreprises sont en pleine prospérité, et chaque jour il s'en forme de nouvelles. Le parcours actuel de toutes ces routes est de trois cent quarante milles (113 lieues.)

Parmi ces chemins, l'un des plus intéressants quoiqu'il soit un des moins longs, il faut compter le chemin de Londres à Greenwich. Ce rail-way forme un viaduc élevé de 22 pieds au-dessus du sol, et se compose de mille arches, commençant au bas du pont de Londres, pour s'arrêter à Bexley-Place, à Greenwich. Sa longueur totale est de trois milles, trois quarts. La dépense de ce chemin a été estimée à 437,000 livres sterling (10,925,000 fr.).

Voilà tantôt quinze ans que ce nouvel outil du génie humain a été livré à l'industrie, et dans ces quinze années d'un si rude labeur, que d'essais, que de changements, que de modifications ont été tentés, réalisés, abandonnés ou suivis! Qu'il y a loin de cette *Fusée* et de cette *Nouveauté*, qui firent, en 1829, l'admiration des juges du concours de Manchester, à la *Seine*, au *Saint-Germain* et au *Louis-Philippe*, qui fonctionnent sur les rails de Paris à Saint-Germain! La science des constructeurs a fait des progrès immenses, et cependant, combien de perfectionnements, combien de problèmes restent encore à introduire et à résoudre ! Chaque expérience fournit des indications nouvelles. On a remplacé les anciens rails, qui étaient trop légers, par des rails qui pèsent 60 à 65 livres, et qui ont 4 pieds de portée; le poids du *chair* a été aussi augmenté, il est aujourd'hui de 20 livres aux joints, et aux points intermédiaires. Toutes les nouvelles machines sont montées sur six roues, et toutes les roues sont en fonte; les anciennes voitures que l'on répare reçoivent une addition de deux roues; les cylindres, qui étaient autrefois disposés en dehors des roues, sont placés à l'intérieur ; on a agrandi aussi la boîte à feu, et toutes ces dispositions nouvelles ont ajouté leur puissance incroyable à ces merveilleuses machines qui ont été poussées, à le voir du moins, à leur dernière perfection. Voici, jusqu'à ce jour du moins, le modèle le plus parfait :

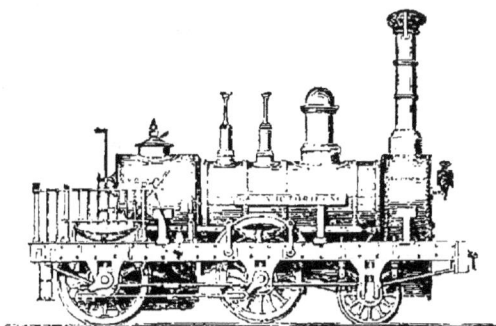

Malgré ces hésitations et malgré ces expériences coûteuses, les résultats des entreprises des chemins de fer deviennent chaque jour plus importants. En 1835 (il y a douze ans !) les divers chemins de l'Angleterre, ouverts à la circulation, ont transporté 10 millions de voyageurs, 2,250,000 tonnes de marchandises, 500,000 bêtes à cornes et 1,700,000 moutons et porcs. Le bénéfice réalisé pour les entrepreneurs s'est élevé à 2,000,000 liv. st. (50,000,000 fr.). Dans un seul semestre, le chemin de Liverpool a donné 46,000 liv. st. (1,150,000 fr.) de produit net. Aussi toutes ces administrations rétribuent-elles largement tous leurs employés ; l'ingénieur en chef reçoit 2,000 liv. st. (50,000 fr.) par an ; les ingénieurs secondaires 500 liv. st. (12,500 fr), quelquefois moins, jamais au-dessous de 200 liv. st. (5,000 fr.) ; le réparateur des machines touche 4 guinées (104 fr.) par semaine ; l'*engineman* (conducteur), 56 schellings (45 fr.) ; le *fireman* (chauffeur) une guinée (26 fr. 50 c.). En général, les salaires des ouvriers sont de 3 à 5 schellings (3 fr. 75 c. à 6 fr. 25 c.) par jour.

Mais c'est assez de dates et de chiffres : la vapeur a fait entendre son sifflement aigu ; le train s'ébranle, laissons là l'histoire et la statistique, partons, et regardons de tous nos yeux.

DESCRIPTION DES TRAVAUX D'ART DU CHEMIN DE FER DE PARIS A ROUEN.

Ici, le lecteur trouvera réunies toutes les merveilles du chemin de fer, de Paris à Rouen et de Rouen au Havre. Parlons d'abord du chemin de Paris à Rouen ; deux années de travail, toute la patience et tout le génie des deux plus grands peuples du monde, et trente-huit millions de dépense, ont à peine suffi pour mener cette œuvre à bonne fin.

Cette ligne, d'une influence toute-puissante sur l'avenir des chemins de fer, ne comptait pas moins de 136 kilomètres 033 millim. (près de 34 lieues) d'une exécution difficile, en raison du nombre et de la rapidité des courbes. — *Largeur* sur toute la ligne, 10 m. — *Écartement des rails* sur chaque voie, 1 m. 44 c.; — *entre-deux* des voies, 1 m. 80 c.; *épaisseur* des rails, 0 m. 64 c. La route est partout recouverte de 0 m. 60 millim. de sable.—*Pente totale de Paris à Rouen* : 27 m. 75 millim.

Point de pentes qui aient plus de 003 m. 75 millim. Quatre ponts doubles sur la Seine donnent 30 arches de 30 m. d'ouverture : Bezons, 9 arches ; Maisons, 5 ; le Manoir, 6 ; Oissel, 10.

Cinq tunnels, donnant en résultat 5 kilom. 335 m., à savoir :

BATIGNOLLES.	ROLLEBOISE.	VILLERS.	VENABLES.	TOURVILLES.
39 m.	2,625 m.	1,700 m.	246 m.	435 m.

Point culminant de la montagne au-dessus de chaque tunnel.

18	82	59	23	30

Quand nous serons arrivés à Rouen, nous donnerons les détails du chemin de Rouen au Havre.

Salle d'attente de l'embarcadère de Paris.

INAUGURATION DU CHEMIN DE FER

(LE 3 MAI 1843).

C'est l'empereur Napoléon qui l'a dit : Paris, Rouen, le Havre, sont une même ville dont la Seine est la grande rue. L'image est noble, elle est grande et vraie, elle rappelle à merveille cette magnifique définition de la Méditerranée, quand Napoléon s'écriait : *La Méditerranée, c'est un lac français !* Et cependant, depuis les jours de l'Empire, quelle révolution *dans ces chemins qui marchent !* comme eût dit Pascal ;

quelle grande conquête, la vapeur, cette force obéissante et domptée,
à laquelle rien ne résiste! Devant elle s'aplanit la montagne, se comble
la vallée; elle commande aux flots de la mer en courroux, elle résiste
au vent qui gronde, elle devance le cheval de course, et, toujours infa-
tigable, à peine arrivée, elle est prête à repartir. L'histoire de cette domination de la vapeur sur les travaux de l'industrie, sur les fleuves,
sur la terre ferme, partout où il s'agit de dévorer l'espace et de donner
le mouvement à ces grandes forces qui usaient les hommes, compose-
rait à elle seule l'histoire la plus dramatique, la plus imposante, la plus
solennelle qu'aient jamais illustrée les annales de l'humanité. A l'heure
où nous sommes, et après les premières hésitations qui attendent, à son
début, toute force nouvelle, la vapeur peut dire à coup sûr : — C'est
moi qui suis la reine du monde! c'est moi qui suis la paix universelle!
grâce à moi, il n'y a plus qu'un seul et même peuple dans le monde,
un peuple d'amis, un peuple de frères! grâce à moi, Londres et Paris
se donnent la main! les deux mers sont réunies pour ne plus jamais se
séparer, toute haine nationale disparaît! J'efface à tout jamais les pré-
jugés de peuple à peuple. — Cette fois, en effet, grâce à la vapeur, le
mot de Louis XIV : *Il n'y a plus de Pyrénées!* peut s'appliquer à toutes
les nations de l'univers.

Les deux journées, du 2 et du 3 mai 1843, et la journée non moins
célèbre du **22** mars 1847 seront à jamais célèbres dans l'histoire de
l'industrie et de la prospérité de la France : en deux fois vingt-quatre
heures (la fête du roi finissait à peine), cette ville de Paris, que l'on
disait si fort en retard sur les nations voisines, devait inaugurer deux
grandes lignes de chemins de fer, l'une qui s'arrête à la cathédrale
d'Orléans, l'autre qui traversait la capitale de la Normandie, pour ne
plus s'arrêter bientôt que sur les bords de l'Océan. Dans les journées
de ce grand triomphe, les populations empressées ont applaudi avec
les transports d'une joie complète. Elles se disaient que cette fois le
grand rêve de l'industrie, du travail, d'un immense capital ajouté à la

vie de chacun et de tous, se réalisait enfin au gré de toutes les espérances. En effet, jusqu'à ces journées mémorables du 2 et du 3 mai 1843,
et du 22 mars 1847, pour ce Paris incrédule qui veut tout voir de ses
yeux, l'établissement des chemins de fer était plutôt un merveilleux
jouet à l'usage des oisifs et des riches, qu'une institution sérieuse des-
tinée à servir les intérêts les plus graves des travailleurs. Ces deux chemins, qui venaient aboutir au milieu des ruines splendides et des en-
chantements de Versailles, cet autre sentier de la fête de chaque jour,
qui jetait le voyageur tout au pied de la montagne de Saint-Germain et
de ses *pittoresques* hauteurs, ne pouvaient guère contenter les vastes
projets et les légitimes impatiences d'un si grand peuple. Ce sont deux
admirables promenades, sans aucun doute, de nobles distractions, de
riches loisirs ; mais pour le plus grand bénéfice de la vie ordinaire,
pour la rapidité d'une route par laquelle doit passer toute la France,
pour servir de but au travail, à la spéculation, au commerce, à la
prospérité publique, comme un moyen plus rapide d'arriver à ces
heures d'un repos honorable, auquel aspirent toutes les âmes bien faites
après les rudes labeurs, ces deux routes du luxe parisien étaient comp-
tées pour bien peu dans les destinées à venir. Paris n'avait pas encore
pris au sérieux, comme il l'a fait depuis, une institution commencée sous
des auspices si frivoles ; il ne comprenait pas qu'on pût dépenser tant
d'argent, tant de persévérance et de génie, pour se promener plus à l'aise,
à certains dimanches de l'année, et pour voir jouer les eaux des jardins
de Versailles. Paris savait à peine qu'il existait, en France, plus d'un
chemin de fer qui déjà travaille la nuit et le jour, comme un manœuvre :
le chemin de fer de Saint-Étienne à Lyon, de la ville de Nîmes à la
Grand'Combe, et le chemin de l'Alsace, et celui du bassin d'Arcachon.
Paris en était resté à ses deux chemins oisifs qui le menaient à Versailles, qui le promenaient à Saint-Germain.

Mais cette fois, grâce aux plus nobles efforts, grâce à l'alliance la
plus utile et la plus durable que l'Angleterre et la France aient jamais

pu conclure, car cette alliance est fondée sur la paix, sur la confiance, sur l'estime réciproque des deux plus grands peuples du monde, la France entière n'aura plus aucun doute sur l'avenir et sur la toute-puissance de cette révolution nouvelle. L'œuvre est magnifiquement commencée; le royaume entier a compris que désormais il allait avoir sa part dans ce vaste progrès. Aussi l'annonce seule de ces deux entreprises menées à bonne fin, et en si peu de temps, a-t-elle produit dans le public cette sorte d'émotion bruyante qui ressemble beaucoup à l'émotion d'une bataille gagnée; la bataille n'a coûté que des sueurs et pas de larmes, du travail et pas de sang. Après la victoire, chaque combattant, resté debout, interroge du regard le champ qu'il a conquis; mais aujourd'hui, dans ces conquêtes de l'industrie, après ces terribles combats qu'il faut livrer contre tant d'obstacles infinis, vous éprouvez une émotion sans remords, tant vous êtes sûr que la cause était juste, que le triomphe est mérité, que la victoire sera durable, tant vous êtes charmé d'entendre les cris de joie non pas d'un seul peuple, mais de tous les peuples de l'Europe dont vous avez suivi l'exemple, et de ceux qui suivront votre exemple, à leur tour.

Eh! qui ne se fût fait une grande joie de marcher à la suite de ces deux jeunes princes, l'honneur de la jeunesse française, d'entendre retentir à son oreille les acclamations de tant de populations empressées, de voir accourir au-devant du glorieux cortége, les prêtres, les magistrats, les laboureurs, les citoyens, les enfants qui veulent apprendre, les vieillards qui veulent tout voir, confondus et mêlés dans le triomphe universel? Aussi, d'un bout à l'autre, cette vaste contrée, ou plutôt cette immense avenue de riches villages, de cités opulentes, de palais et de chaumières, qui conduit de Paris à Orléans, de Paris à Rouen, devait être remplie de la plus noble foule, curieuse, attentive, triomphante. Songez donc à cela : Rouen à Paris! le Havre à Paris! et si peu d'heures pour se trouver porté, tout d'un coup, dans la province aux destinées guerrières et pacifiques, pour se trouver, du milieu de

Paris, dans cet amas de cathédrales, de maisons gothiques, de ruines féodales, au milieu de tous ces paysages charmants que tant de grands poëtes ont préférés, même aux plus divins aspects de l'Italie! — Pour entendre la mer qui gronde et l'Angleterre qui appelle! Pour assister à l'accomplissement d'un miracle que l'empereur Napoléon lui-même, — au plus fort de sa gloire et de sa toute-puissance, — n'aurait pas osé rêver!

Songez donc à son triomphe, si on lui eût démontré qu'un jour, un chemin, rapide comme le vent qui porte le tonnerre, partirait du Champ-de-Mars, emporterait avec la rapidité de l'éclair toutes ces aigles, tous ces canons, tous ces chevaux, toutes ces armées, et qu'un seul jour suffirait pour tout lancer sur l'Europe. Aujourd'hui, la revue dans le Champ-de-Mars, et demain, la bataille dans le monde entier. — Quel rêve fut jamais plus étrange, et pourtant, quel rêve plus facile à réaliser!

Aussi, quand le chemin de fer de Paris à Rouen, et plus tard, de Rouen au Havre, eut été annoncé comme un événement accompli, ce fut, parmi les hommes les plus importants de Paris et de la France, à qui serait admis à l'honneur de cette inauguration, à travers la plus noble province de France; halte d'une heure, dans la patrie de Corneille, après avoir quitté, le matin même la patrie de Molière. C'est une si grande joie, en effet, d'entendre retentir sur son chemin les acclamations des populations empressées.

Concours immense des prêtres, des magistrats, des gardes nationales, des marchands, des laboureurs, des enfants étonnés, des vieillards accourus pour admirer ce dernier miracle; c'était un beau spectacle, bien fait pour être envié et recherché par les intelligences les plus avancées, par les esprits avides de prendre leur part de ces nobles et excellentes émotions.

Pour vous dire tous les hommes invités à cette fête, il faudrait citer toutes les célébrités parisiennes, tous les grands noms de la paix et de

2

la guerre, la chambre des députés, la chambre des pairs, les cours
souveraines, la cour royale, l'Institut, et enfin les poëtes, les artistes,
les hommes qui n'appartiennent à aucun corps constitué et dont cependant le nom est populaire; car ces noms-là, vous les retrouverez
toujours, à toutes les occasions glorieuses, qu'il s'agisse des princes
du sang ou des plus humbles artistes, des plus illustres orateurs ou
des écrivains les plus modestes. Dans ce cortége, chacun se connaît :
on s'est déjà vu tant de fois ! partout où il s'agissait de donner un utile
signal !

Au reste, pour que l'histoire de cette double inauguration soit complète, et par la raison toute simple que cette inauguration a été faite,
en deux fois vingt-quatre heures, par les mêmes hommes qui président
aux destinées, ou, ce qui revient au même, aux opinions de la France,
il suffit de nommer les voyageurs du premier voyage : M. le duc de
Nemours, en tenue d'officier général, était entouré des généraux Ti-
burce Sébastiani, Colbert, Marbort, Gourgaud, de Montesquiou, d'Hou-
detot, Daullé, des colonels de La Rochefoucauld et de Chabannes. Avec
M. le duc de Nemours était accouru le jeune capitaine que la famille
royale a fourni au régiment d'artillerie de Vincennes, M. le duc de
Montpensier. Autour du prince s'étaient réunis quatre membres du
cabinet, le ministre des travaux publics et ses collègues de l'intérieur,
du commerce et des finances. Le ministre et le sous-secrétaire d'État
des travaux publics étaient accompagnés d'ingénieurs en grand nombre,
des inspecteurs généraux et divisionnaires des ponts et chaussées et des
mines, Bineau, Baude, pairs de France, députés, administrateurs, et
plusieurs notabilités des lettres, des sciences et des beaux arts.

C'est surtout dans cette province heureuse de toutes les gloires de
génie et de travail, que devait être accueillie et comprise cette grande
révolution de la vapeur. Le temps vaincu, la distance franchie, l'espace supprimé ! — Paris, aux portes du Havre. — Aux pieds des tours
de Notre-Dame..... l'Océan !

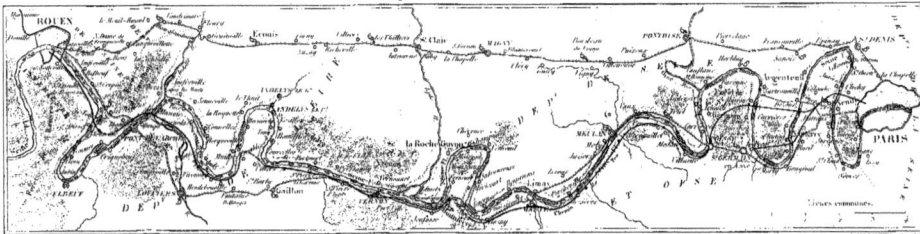

CARTE DU CHEMIN DE FER DE PARIS À ROUEN.

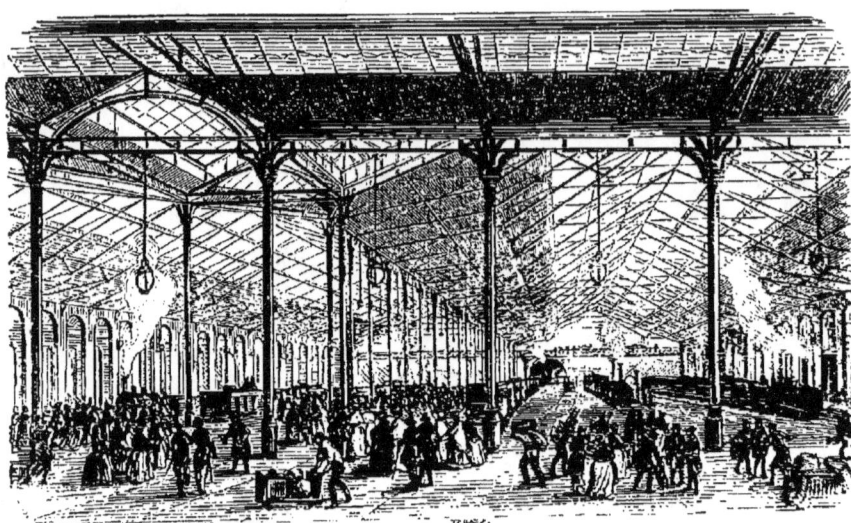

Embarcadère de Rouen, du Havre, de Versailles et de Saint Germain.

DÉPART DE PARIS.

BATIGNOLLES. — CLICHY. — ASNIÈRES. — COLOMBES. — BEZONS.
MAISONS-LAFFITTE.

Chacun sait que le beau chemin de fer, de Paris à Saint-Germain, et de Rouen au Havre, à l'Océan, ce chemin modèle, est devenu le point de départ de Paris à Rouen.

Vous reconnaissez les *Batignolles, Clichy, Asnières*, les avant-postes du chemin qui conduit à Saint-Germain.

Qui ne se souvient des *Batignolles* il y a vingt ans ? Un pauvre hameau tout couvert de chaume, où chantaient par-ci par-là quelques guinguettes. Le nom de village eût semblé trop pompeux pour ce chétif

amas de masures, plein de fondrières en décembre, aride au mois
d'août, comme la plaine de Montrouge. Mais voilà qu'un beau jour,
et la mode aidant, le hameau est devenu village, le village un bourg,
et le bourg une ville. L'instant d'après, arrive *Clichy*, avec sa haute
tour carrée, où le bon roi Dagobert, si célèbre par sa maladresse, eut
une maison de campagne. Donnez un coup d'œil à l'église, bâtie par
saint Vincent de Paul, ou mieux encore, admirez, en passant, ce beau
fleuve qui roule, avec tant de calme, ses eaux limpides. La Seine, parsemée d'îles fleuries et verdoyantes, s'ouvre, en frémissant, sous la
proue des bateaux à vapeur humiliés et vaincus ! Encore une révolution
dépassée, les bateaux à vapeur ! D'un seul bond, le chemin de fer nous
emporte, et déjà s'effacent à nos yeux les riants coteaux de *Montmorency*, les sombres clochers de *Saint-Denis*, et ces ravissantes îles de
Neuilly, semblables aux corbeilles de fleurs et de lianes que roule le
Meschacebé.

Ici, c'est *Asnières*, un nom de bon augure pour les écoliers, et qui
nous rappelle de si belles promenades, aux jours de l'école buissonnière.
A notre gauche se trouve cette campagne du *Marais*, si chère à
Mirabeau , et d'où il partit mourant pour n'y jamais revenir. Tout en
face, apercevez-vous un point noir ? C'est le convoi de Saint-Germain
qui arrive comme la foudre, et qui se croise avec vous, en lâchant une
bordée d'éclairs et de bruit dont vous êtes encore tout étourdi, quand
tout d'un coup vous atteignez *Courbevoie*.

A *Colombes*, le chemin de Rouen abandonne la route de Saint-Germain, pour entrer dans son véritable domaine. Nous autres cependant,
dans cet itinéraire que nous voulons faire concis et rapide, nous tâche-
rons d'aller moins vite que la locomotive poussée par cette force impé-
tueuse et brûlante, la vapeur.

Le premier travail du nouveau chemin, c'est le pont de *Bezons*,
hardiment jeté sur les deux bras de la Seine. Ce pont est porté sur neuf
arches de trente mètres ; il est jeté en biais sur le fleuve. Le chemin

Bezons.

est en remblai jusqu'à Houilles ; cette commune est traversée en tranchée. On a enlevé de cette tranchée, 200,000 mètres cubes de terre ;
la plus grande profondeur de l'excavation est de 8 mètres.

On sort de la tranchée de Houilles, pour arriver au pont de *Maisons*,
par un remblai fort élevé. Le pont de *Maisons* est en tout, semblable au
pont de *Bezons*. C'est la même œuvre, ce sont les mêmes difficultés
vaincues. La station *Maisons* fait face à la grande allée qui mène au
château de M. Laffitte. La forêt de Saint-Germain, tout entière, est
traversée en tranchée. Dans la forêt, neuf ponts sont établis, et au dernier de ces ponts commence un remblai qui se prolonge, presque sans
interruption, jusqu'à *Mantes*. Près de *Mureaux* se trouve un pont en
biais, que tous les hommes de l'art proclament comme une des plus
difficiles merveilles du chemin. Ce pont est sous un angle de 26 mètres
40 millimètres.

2.

Le premier village important qui se présente aux yeux du voyageur, est le village de Maisons-Laffitte, du nom de cet homme illustre dont le nom a été si longtemps, comme le cri de ralliement du progrès et des libertés à venir. Le village est assis sur un coteau pittoresque ; le châ-

Maisons-Laffitte.

teau de Maisons, riche demeure qui se souvient de Voltaire, montre tout d'abord, aux regards charmés, sa façade digne de Mansard ; son parc quelque peu coupé en parcelles étriquées, mais encore plein de silence et d'ombrage, fut tracé en 1658, par Hardouin Mansard, pour le président de Maisons, surintendant des finances. Il fit partie des domaines du comte d'Artois (le roi Charles X), qui y avait fait disposer des appar-

temens particuliers pour Louis XVI et Marie-Antoinette. Napoléon en
fit don au maréchal Lannes, duc de Montebello, et quand l'Empire eut
fait place à la Restauration, le château de Maisons fut vendu à M. Jacques
Laffitte, dont le souvenir est inscrit pour jamais dans ces murs attristés.
Cette demeure princière est posée sur la hauteur et fait face au pont,
dont le château est séparé par une belle prairie, dans laquelle on peut
pénétrer par un petit pont de trois arches en fer forgé, dont les détails
sont pleins de goût et d'élégance. Les mille arpents de bois qui composent
le parc, se trouvent enclavés dans la forêt de Saint-Germain, et s'éten-
dent, du côté de la Seine, sur plus d'une demi-lieue de longueur.

Vous pouvez admirer, de loin, cet illustre château de *Saint-Germain*,
dans lequel vint au monde le grand roi Louis XIV; plusieurs humbles
villages, mais d'une humilité pittoresque, *Sartrouville*, *Lafrète*,
Harblay. Le château d'Harblay est entouré d'un bosquet charmant,
laissant à peine entrevoir les maisons blanches et les toits de chaume.
A votre droite, vous laissez *Conflans*, situé en effet au confluent de la
Seine et de l'Oise; l'Oise, cette rivière aimable et gaie qui s'en vient
des Ardennes par la Fère, Chauny, Compiègne, Pont-Sainte-Maxence,
Beaumont, et enfin Pontoise. A cet instant, l'Oise tombe dans la Seine,
qui l'entraîne jusqu'à la mer.

Poissy.

POISSY. — TRIEL. — MEULAN. — LES MUREAUX. — MÉZY. — ÉPONE.

Poissy se présente; cette ville d'une origine antique, Poissy, dans laquelle Charles le Chauve, en l'an 860, a tenu l'assemblée nationale des grands et des prélats du royaume. Le fils de Hugues Capet, le roi Robert et sa femme Constance, avaient *un hôtel de campagne* à Poissy. Là, vint au monde, le 24 avril 1215, le saint roi, Louis IX. Il signait souvent : Louis de *Poissy*, en mémoire du lieu de son baptême, et par une modestie qui sied bien à un grand roi.

Dans un caveau de cette église, qui fut entièrement détruite, ainsi que l'abbaye, durant les mauvais jours de 1793, fut découvert le cœur du prince qui avait fondé l'église de Poissy, Philippe le Hardy ; l'urne était de plomb, et portait l'inscription suivante :

CY–DEDEN EST LE CVER DV ROY PHYLIPPE
QVI FVNDA CESTE EGLISE, QVI TRESPASSA A FONTAINEBLEAV LA VEILLE
DE SAINT ANDRÉ M CCC XIV.

En 1561 se tint, dans le réfectoire des Ursulines, le fameux *colloque de Poissy*, réclamé par les États Généraux, pour mettre un terme aux controverses qui divisaient alors, en France, les catholiques et les calvinistes. Six cardinaux, trente-six évêques, et un grand nombre de docteurs en théologie, s'y rendirent, en même temps que Théodore de Bèze, gentilhomme de Vézelay en Bourgogne, l'ami de Calvin, et le chef après lui de l'Église de Genève, et Pierre-Martyr Vermiglio de Florence ; ce même Vermiglio, qui, après avoir pris en Angleterre une grande part à la réforme, était devenu le chef de l'Église de Zurich. Le roi, accompagné de sa mère, du duc d'Orléans son frère, du roi et de la reine de Navarre, des princes et des grands officiers de la couronne, assista aux deux premières conférences, qui eurent lieu les 9 et 16 septembre. Mais, par suite des suggestions du cardinal de Ferrare, d'Hippolyte d'Este et du légat du saint-siége, qui s'emparèrent de l'esprit de Catherine de Médicis, le roi ne se représenta pas aux conférences suivantes. Dès le quatrième terme, le 26 septembre, les catholiques et les calvinistes ne furent plus mis en présence : la Sorbonne avait condamné une profession de foi faite au nom de l'Église réformée, qui semblait répondre aux opinions des deux partis. — Ainsi se termina cette tentative de conciliation à laquelle furent attachées tant d'espérances, et qui n'eut d'autre résultat que d'envenimer des haines déjà trop fortes et de contribuer peut-être à hâter les guerres de religion.

Le marché de Poissy est célèbre ; il sert d'approvisionnement à la boucherie de la ville de Paris. C'est encore une des grandes institutions du roi saint Louis.

A peine vous doutez-vous que ces murailles renferment une prison formidable dans laquelle ont été enchaînés, à des forçats couverts de lèpre, plusieurs écrivains très-énergiques, dont tout le crime a été d'avoir parlé avec trop d'indignation et de colère. — Les îles de Poissy sont chargées d'arbres et de verdure; le flot est bruyant et animé; le pont abrite sous ses arcades élégantes, plusieurs moulins où le froment ne manque jamais. Plusieurs petits villages se cachent çà et là, dans la verdure printanière. *Vilaines*, *Médan*, *Vernouillet*, dans lequel, plus d'une fois, M. le prince de Talleyrand a rendu visite à son frère; *Ver-*

Triel.

neuil, *Triel*. Là s'élevait, avant 1789, le château de madame la princesse de Conti. La position de Triel est charmante; au sommet de la colline s'élève l'église pittoresque, élégante, ornée de beaux vitraux, et surtout fière, à bon droit, d'un admirable tableau du Poussin, représentant l'Adoration des Mages. Le pape lui-même avait donné ce chef-d'œuvre à la reine Christine, après son abjuration. Un des gentilshommes, fatigué de suivre cette majesté vagabonde, voulut revoir Triel, son pays natal, avant de mourir ; il revint, apportant avec lui ce tableau méprisé par la reine, et il en fit hommage à l'église de Triel.

Meulan.

Voici *Meulan*. A Meulan commence l'histoire de la Normandie. Le comte et les seigneurs du pays furent massacrés par ces hommes du Nord. Philippe Auguste réunit Meulan à la couronne de France. Cette ville était fortifiée, et elle opposa, pendant les guerres civiles, une résis-

tance opiniâtre aux troupes du duc de Mayenne qui furent forcées de
lever le siége. — Les deux parties de la ville et le village de Mureaux,
communiquent ensemble, par un pont de pierres fort ancien. Tout en
face de Meulan, en aval du pont, est l'*Ile—Belle*, dont l'abbé Bignon,
bibliothécaire du roi Louis XV, avait fait une île enchantée. — Un jour
ce prince, égaré à la chasse, se présenta au batelier pour passer à l'Ile-
Belle. « L'abbé y est-il? dit le roi. — *L'abbé !* répondit le batelier, il
est bien assez *monsieur* pour vous, apparemment. » Et Louis XV de
rire, de ce bon rire que les princes ne trouvent guère, à leur cour.

A l'extrémité du pont de Meulan se rencontrent les *Mureaux*, dont
le parc se perd dans les bois de Verneuil ; puis *Mézy*, dans une situation des plus heureuses ; puis *Jugien*, l'ancienne maison de plaisance
des évêques de Chartres, et enfin la station d'*Epône*. — La ville de
Mantes n'est pas loin.

Mantes.

MANTES. — ROSNY. — ROLLEBOISE. — BONNIÈRES. — PONT-VELLEZ. —
LA ROCHE-GUYON.

Mantes, la jolie et la bien nommée, n'a pas oublié que dans ses murs en flammes, vint tomber et mourir Guillaume le Bâtard, ce Guillaume le Conquérant que trois royaumes n'avaient pu arrêter dans ses conquêtes. Dans ces murs heureux et paisibles ont passé, les armes à la main, les plus grands capitaines : Du Guesclin pour la reprendre aux Anglais, Philippe-Auguste pour y mourir. Jeanne de France y fonda une église. Après le siége de Rouen, Henri IV vainqueur et maître, fit à Mantes un assez long séjour ; cette relâche fut employée par le cardinal Duperron, à préparer la conversion du roi au blanc panache et à lui

3

prouver que *Paris valait bien une messe !* Ce qui restait de ce château, dans lequel séjournèrent plusieurs fois Louis XIII et Louis XIV,
fut détruit en 1721 par ordre du duc d'Orléans, régent, son dernier
possesseur.

Mantes est bâtie en regard de Limay, dans une situation charmante,
sur le bord de la Seine, et au milieu de sites variés et riches en promenades. Elle se fait remarquer par un grand air d'aisance, et ses
rues, propres et bien percées, sont ornées de plusieurs fontaines.
L'église Notre-Dame, que l'on découvre à neuf lieues de distance, est
un monument gothique fondé par Jeanne de France. Elle se distingue
extérieurement par la hauteur et la délicatesse de ses tours, intérieu-
rement par sa nef, élevée de 99 pieds sous clef de voûte, et par la
prodigieuse largeur des galeries, qui, régnant au-dessus des bas-côtés
dans le pourtour de la nef, forment comme une seconde église. Le
vainqueur de Bouvines, Philippe-Auguste, fut abbé de cette église,
que desservaient dans l'origine les chanoines de l'abbaye Saint-Victor.
La tour de Saint-Maclou, dont l'église n'existe plus, a été conservée
comme un beau reste d'antiquité. Son architecture est bien supérieure
à celle des tours de l'église. Les habitants ne s'arrêtent pas sans quelque
émotion devant ce vieux monument, témoin mutilé des combats que
leurs ancêtres ont livrés pour sauver leurs libertés.

De Mantes à Rosny, il n'y a qu'un pas, pour le chemin de fer. Le
plus digne ami de Henri *le Grand*, et son serviteur le plus fidèle,
M. de Sully, a laissé son souvenir dans ce vieux château, dont il a
parlé avec tant de complaisance dans ses Mémoires. En 1529, le château de Rosny fut apporté en dot à Jean de Béthune, par Anne, fille
de Hugues, comte de Meulan. La construction en brique et les nobles
colonnes qui décorent cette maison, lui donnent toute l'apparence d'un
bel édifice du seizième siècle. Il est vaste, solidement bâti, entouré de
fossés larges et profonds, et placé au milieu d'un parc que longe la
route de Cherbourg. C'est dans ce château que naquit, en 1559, Sully,

seigneur de Rosny; c'est là qu'il vint se reposer de ses fatigues de la bataille d'Ivry, dans la nuit qui suivit cette journée. Derrière le vil-

Le château de Rosny.

lage se trouve l'entrée d'une forêt de 4,000 arpents, dans laquelle il fit exécuter une coupe de 100,000 livres, somme alors considérable, pour aider son maître dans les dépenses de la guerre. Rosny était naguère la maison de plaisance de madame la duchesse de Berry, qui l'avait acquise de M. Archambault de Périgord. C'était le séjour qu'elle préférait à tous les autres, et elle n'épargna ni soins ni dépenses pour l'embellir. Dans la chambre de Sully, on avait établi un cabinet d'histoire naturelle, remarquable par le choix des oiseaux. On conservera longtemps le souvenir des fêtes brillantes que donna la bonne princesse dans le manoir héréditaire de la famille de Sully.

Le village de *Rolleboise* est digne de toute l'attention du voyageur : les ingénieurs du chemin de fer ont rencontré, à Rolleboise, un obstacle qui paraissait invincible, mais l'empereur Napoléon l'a dit, depuis longtemps le mot *impossible* n'est pas français.

Rolleboise.

Le tunnel de Rolleboise a 2,646 mètres de longueur. La montagne est élevée de 70 à 80 mètres, au-dessus du tunnel. 800 mètres ont été taillés dans le roc vif, et n'ont pas exigé de revêtement intérieur. Malgré un travail acharné du jour et de la nuit, on n'avançait souvent que de quelques mètres par jour. Il a fallu dépenser 425,000 livres de poudre ; vingt mois ont été nécessaires à l'achèvement de cet ouvrage.

Dans ce village escarpé, vous trouverez une ruine illustre : cette tour, reprise par les gens de Rouen, de hardis bourgeois qui étaient des soldats toujours, et qui étaient des héros quand Du Guesclin marchait à leur tête. Dans cet abîme, le convoi plonge, et se précipite tout d'une haleine; en moins de quatre minutes, ces ténèbres sont franchies, et vous revoyez la verdure et le ciel.

Après Bonnières, *Pont-Villez*, la limite fleurie du département de Seine-et-Oise. Quel dommage cependant que le temps nous manque pour visiter *la Roche-Guyon*, cet antique château d'une origine toute

La Roche-Guyon.

normande! Dans les guerres malheureuses de l'Angleterre et de la France, une femme, la veuve de Guy VI, sire de la Roche-Guyon, tué à la bataille d'Azincourt, aima mieux perdre ses domaines que de rendre la forteresse aux Anglais. C'est à la Roche-Guyon que périt, d'un coup si peu digne de lui, le vainqueur de Cerisoles, François de Bourbon, comte d'Enghien, la tête écrasée par un coffre.

Les seules constructions remarquables qui aient résisté au temps et

3.

aux désastres de la guerre dont la Roche-Guyon fut souvent le théâtre, sont une chapelle, sépulture de famille, pratiquée dans le roc, à une très-grande élévation, et une tour à double enceinte; fièrement placée sur un roc inaccessible, la tour domine toute la contrée et communique au château par un long escalier, creusé dans la montagne. Le château de la Roche-Guyon a été agrandi et embelli par plusieurs membres de la famille de la Rochefoucauld. On y voit, dans la chambre de Henri IV, le lit, les rideaux, l'ameublement, le portrait original, le fauteuil, vieux meubles, glorieux d'avoir servi au *Béarnais*.

On vient d'achever à la Roche-Guyon un beau pont suspendu de 200 mètres d'ouverture et d'une seule travée, ce qui est un tour de force tout simplement.

A l'entrée de Vernon se trouve un remblai de 100,000 mètres cubes de terre. Un troisième pont, en biais, traverse cet ouvrage.

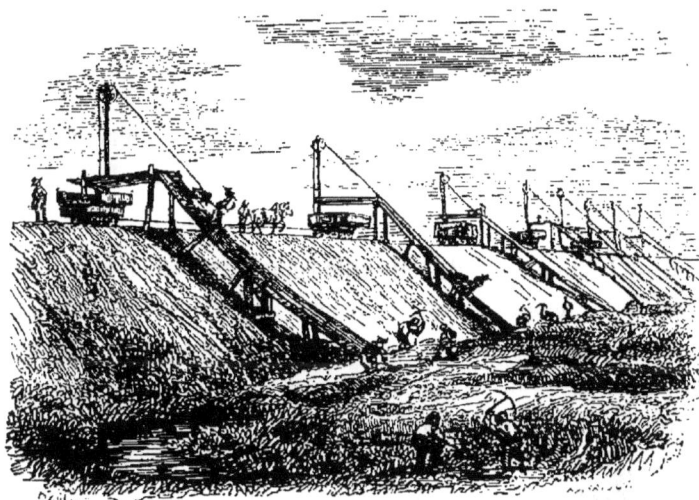

Machines à remblayer.

Vernon.

VERNON. — LE CHATEAU DE BIZY. — SAINT-JUSTE. — COURCELLES. —
SAINT-PIERRE-GAILLON. — LES ANDELYS. — TUNNEL DU ROULE.

Vernon. — La fondation de cette ville remonte au onzième siècle : ce
n'était alors qu'un château fort sous le nom de *Vernonium-Castrum*,
destiné à défendre cette partie de la Normandie du côté de la France.

Elle fut agrandie et fortifiée, en 1123, par Henri 1er d'Angleterre,
qui fit élever la grande tour, dans laquelle se réfugia, en 1198, Philippe-Auguste, battu par Richard Cœur-de-Lion. En 1151, Vernon
appartenait à Geoffroy Plantagenet, comte d'Anjou. Après en avoir été
dépossédé par Louis VIII, il en fut définitivement privé par ce prince,
qui la livra aux flammes, en punition d'un attentat commis sur le che-

min royal, par le fils du comte, contre des marchands. Vernon, après avoir passé dans les mains du duc de Normandie, fut cédé à Louis, fils de Philippe-Auguste, qui le réunit à la couronne.

Vernon conserve les traces de ses anciennes fortifications ; on y voit encore une énorme tour servant de dépôt aux archives communales. La ville est agréablement située.

A *Vernon*, tient le *Veronnet* ; ce n'est pas, comme on l'a dit, la patrie de mademoiselle Anne de la Vigne, qui est née à Paris en 1634 ; mais c'est la patrie de son père, Michel de la Vigne, le médecin favori du roi Louis XIII. Il était fier à bon droit de sa fille, et il disait : « Quand « j'ai fait ma fille, je pensais faire mon fils. »

Vous remarquerez l'avenue du château de *Bizy* ; c'était un des plus

Le château de Bizy.

beaux châteaux de Normandie, et encore aujourd'hui Bizy est un des plus riches domaines du roi Louis - Philippe 1er. — Bizy eut pour maîtres et seigneurs les comtes d'Eu, le duc de Penthièvre, un des généraux de l'empereur, et enfin madame la duchesse douairière d'Orléans ; c'est sur les ruines de cette maison où le vieux duc de Penthièvre attendait, mais en vain, la jeune princesse de Lamballe, massacrée par les égorgeurs de septembre, que Madame la duchesse d'Orléans avait fait construire une maison, pour y passer les beaux jours de l'été.

Saint-Just était un ancien hôpital, fondé par M. le duc de Penthièvre, car c'était une habitude de ce noble prince de placer toujours, à côté d'un château à lui, un hôpital pour les pauvres.

Saint-Pierre d'Autils n'est là que pour mémoire. — *Pressagny*. Pressagny s'appelle Pressagny-l'*Orgueilleux;* c'est tout ce qu'on peut dire, et il n'y a pas de quoi être si fier. Dans l'église de *Port-Mort* a été consacré, le 25 mai de l'an 1200, le mariage de Blanche de Castille et de Louis VIII, fils de Philippe-Auguste.

Tout en face le village de *Courcelles* se rencontre la station importante de Gaillon. C'est un point de départ qui conduit à la ville d'Évreux, au château de Navarre, l'ancien séjour des ducs de Bouillon et de l'impératrice Joséphine, au château de Grisolles, à Auteuil, à Jeufosse; sur le côté, votre regard charmé s'arrête sur les calmes et magnifiques hauteurs de l'élégant château des Rotoirs.

Un peu plus loin, vers le nord-ouest, sur cette route escarpée, remarquez ce sombre et menaçant édifice, sans forme, sans grâce, immense, écrasé, hideux. Hélas! c'est tout ce qui reste de la plus ravissante création du cardinal d'Amboise, son œuvre italienne, le château de Gaillon, pour tout dire. Oui! cet admirable point de vue, un des plus beaux de la Normandie; cette maison aimée de François Ier, le roi du seizième siècle; ces beaux arbres, sous lesquels tant de savants et tant de saints évêques promenaient leurs studieux loisirs, Gaillon n'est plus qu'une prison formidable. Vous pouvez admirer la façade de ce château déshonoré, dans la cour de l'école des Beaux-Arts, à Paris, dont il fait le plus bel ornement. Tristes contrastes, dites-vous: une prison au milieu d'un si beau domaine; ces murailles nues, au milieu de tant de maisons opulentes que la Seine salue en passant! Mais quoi! le paysage, comme la poésie, vit de contrastes.

Sur la rive droite de la Seine, et près des Andelys, s'élèvent, au sommet des coteaux qui bordent la vallée, les ruines du *château Gaillard*.

Célèbre dans les fastes du pays par les combats livrés au pied de ses murailles qui étaient imprenables, et par les attentats commis dans ses

Le château Gaillard.

sombres cachots, le château Gaillard fut élevé par Richard Cœur-de-Lion, pour commander la navigation de la Seine, et pour défendre contre la France, la Normandie, qui obéissait au roi Richard.

Précaution inutile! Quelques années après, Jean *Sans-Terre* laissait échapper la Normandie de ses mains avilies, et Philippe-Auguste plantait sa bannière sur les murs du château Gaillard.

Les rois de France en firent une sorte de prison politique qui fut le théâtre de plus d'un drame sinistre. Au château Gaillard fut étranglée Marguerite de Bourgogne, l'affreuse, la célèbre Marguerite de la tour de Nesle; avec ses crimes et ses malheurs, sans parler de sa couronne de reine, cette Marguerite n'avait pu se faire qu'une demi-popularité, et tout à coup elle s'est trouvée grandie, un beau jour, sur un théâtre des boulevards, à la taille des plus hautes renommées. Là aussi fut enfermé Charles de Melun, l'infortunée victime de La Balue, l'épais et haineux cardinal, qui le récompensa, par d'atroces tortures, de l'avoir protégé à ses débuts.

Des hauteurs du château Gaillard, la vue s'étend, à droite, sur les riches campagnes qu'arrosent les petites rivières de Muchegros et le Gambon, dont les eaux rapides viennent se mêler aux eaux de la Seine.

Les maisons du Petit-Andelys bordent la Seine, en amont de l'embouchure du Gambon, et le Grand-Andelys, chef-lieu de l'arrondissement et du canton auxquels on a donné son nom, n'est éloigné que de 1,100 mètres de cette dernière ville, autrefois *Andelicum*; c'est la plus ancienne des deux Andelys; elle doit son origine à un monastère fondé par la reine Clotilde, auquel vinrent se rattacher, successivement, des habitations qui formèrent plus tard une bourgade importante. On y construisit, au treizième siècle, un château fort, qui servit de refuge à Louis VII après la bataille de Brimerville. En 1170, le bourg fut détruit entièrement par les Anglais; sa position militaire en fit souvent un objet de dispute entre les deux nations.

Aux Andelys mourut, l'an de grâce 1592, Antoine de Bourbon, roi de Navarre, père de Henri IV, blessé au siége de Rouen. Sa blessure et le vin qu'il avait bu, emportèrent ce brave soldat, père d'un héros.

Le grand peintre qu'on a surnommé le Raphaël français, Nicolas Poussin, mort à Rouen en 1654, était né près des Andelys en 1594, dans le hameau de Villers. Une maison de chétive apparence mérite, aux Andelys, l'attention des voyageurs, pour avoir été habitée par Thomas Corneille. Le célèbre aéronaute Blanchard, et Brunel, le savant ingénieur, le hardi constructeur du tunnel sous la Tamise, sont nés aux Andelys.

Le tunnel du Roule ou de Villers, qui n'a pas moins de 1,720 mètres, a été achevé en dix-sept mois.

Au sortir de ce passage formidable, le chemin de fer reprend sa course en suivant le penchant des coteaux qui bordent la Seine. A *Saint-Pierre de Vauvray,* le chemin est en remblai, jusqu'au parc de Praslin ; là il traverse la vaste plaine de Léry sur un remblai qui le met à l'abri des inondations. Au *Manoir*, il franchit la Seine sur un pont de six arches, de 30 mètres. La construction de ce pont et celle du pont d'Oissel ont donné de grandes peines ; la sécheresse de la saison avait rendu impossible l'extraction de la pierre ; peu de semaines avant l'inauguration du chemin, deux des piles étaient encore à fleur d'eau.

Ainsi vous arrivez à *Pont-de-l'Arche.* La Seine se sent déjà entraînée par la mer ; la marée se fait sentir, déjà sur cette rive, si belle et si calme. C'en est fait, la noble rivière comprend qu'elle va quitter la terre de France et ne plus s'appeler que l'Océan.

Sortie du Tunnel.

Pont-de-l'Arche.

PONT-DE-L'ARCHE. — ELBEUF. — OISSEL.

La ville de *Pont-de-l'Arche* est située sur la Seine, que l'on traverse sur un pont de vingt deux arches, un peu au-dessus du confluent de l'Eure; ce pont franchit à la fois trois bras de la Seine.

Pont-de-l'Arche doit son origine à Charles le Chauve, qui le fit bâtir en 854. Ce fut, dans la suite, une place importante, entourée de murs flanqués de tours, environnée de fossés et défendue par un château fort, bâti sur l'autre rive de la Seine. Charles le Chauve y fit construire un palais où il convoqua deux conciles en 862 et 864. Cette ville est la pre-

4

mière de toutes les villes de France qui se soumit à Henri IV, sans attendre que le panache blanc eût conquis la France. Pont-de-l'Arche avait deviné le bon roi.

On y remarque une jolie église gothique dont les vitraux, du quatorzième siècle, représentent les manœuvres que les mariniers faisaient alors pour monter en bateau; une agréable promenade s'élève sur l'emplacement des anciens remparts.

Après Pont-de-l'Arche arrive la station de *Tourville*. Le tunnel de Tourville est long de 440 mètres; puis vient un remblai de 104,000 mètres cubes, qui conduit jusqu'au premier pont d'Oissel, de cinq arches de 30 mètres.

Avant de franchir le pont d'Oissel, jetez un coup d'œil sur la *ville d'Elbeuf*. L'origine de cette ville est peu connue; on sait seulement qu'elle faisait partie de la baronnie de *Harcourt*, et qu'elle était déjà considérable en 1358, lorsqu'elle fut érigée en comté. L'établissement des manufactures d'Elbeuf remonte à une époque fort éloignée; ce fut seulement sous le ministère de Colbert qu'elles commencèrent à prendre un grand développement, suspendu bientôt par la révocation de l'édit de Nantes. Ce noble travail de toute une population recommença de plus belle, dans les premières années de la révolution française; mais c'est surtout depuis la séparation de la Belgique et de la France que les manufactures d'Elbeuf ont reçu un accroissement immense. Il n'y aurait peut-être pas d'exagération à dire que leurs produits ont triplé à dater de cette époque. Aujourd'hui, ces manufactures occupent plus des deux tiers de la population, et deux mille habitants des villages voisins.

Elbeuf est une ville agréablement située, dans une riche vallée, bordée au nord par la Seine, et au midi par une chaîne de montagnes verdoyantes que couronne une belle et vaste forêt, dont la limite sépare, ainsi que la forêt de la Londe, à laquelle elle se lie, le département de l'Eure et le département de la Seine-Inférieure.

Elbeuf a deux églises, Saint-Étienne et Saint-Jean-Baptiste. — La première se compose d'un chœur, d'une nef et de deux collatéraux; les

Elbeuf.

piliers de séparation sont de forme octogone et surmontés d'une couronne ducale; la voûte du chœur est chargée de peintures remarquables; les vitraux de cette église sont admirables; l'église remonte au delà du douzième siècle. C'est ainsi qu'au milieu de cette immense fabrique que l'on appelle la ville d'Elbeuf, dans ce pêle-mêle animé et bruyant de filatures, de lavoirs à laines, de teinturiers, de tanneurs, de moulins à foulon, quelque peu d'art et de goût se rencontrent, grâce aux églises de Saint-Étienne et de Saint-Jean-Baptiste d'Elbeuf. — Un pont suspendu réunit la ville à l'autre rive.

D'*Oissel* à Rouen, la Seine est parsemée d'îles riantes, véritables
forêts de peupliers et de saules ; la plus importante est l'île d'Oissel.
Ce point vert qui fuit presque inaperçu derrière vous, fut autrefois la

Oissel.

terreur de toute la contrée. Ce fut en ce lieu que les Normands du
neuvième siècle, du temps qu'ils n'étaient encore que de hardis pirates,
établirent un camp fortifié; au pied de cette forteresse s'amarraient
les grandes barques d'osier qui avaient amené ces hardis pirates à travers l'Océan. De ce rivage, comme d'une tanière, s'élançaient ces
bandes sauvages, dont les exploits tiennent tant de place dans les
horribles chroniques de cette époque désolée.

Au milieu de la large plaine qui s'étend d'Oissel à Rouen, vous rencontrez *Saint-Étienne-de-Rouvray;* Saint-Étienne doit son nom à la vaste forêt de Rouvray, à laquelle se rattachent les forêts d'Elbeuf et de la Londe, qui couronnent le sommet des collines que longe la Seine, entre Elbeuf et la Bouille. Dans cette forêt, Guillaume le Conquérant se livrait au plaisir de la chasse quand il apprit la mort du roi Édouard, et qu'Harold venait de se faire couronner roi d'Angleterre. — En ce moment et à cette même place, Guillaume duc de Normandie arrêta dans sa pensée immuable que Guillaume *le Bâtard* s'appellerait bientôt Guillaume *le Conquérant.*

Voici Rouen! la ville aux imposants souvenirs! Certes, celui qui, au milieu de la Seine, porté sur le bateau à vapeur, a salué d'un regard Rouen, la vieille capitale de la Normandie; celui qui, pour la première fois, a pu admirer cette masse imposante des plus nobles et des plus vieilles pierres de France, celui qui s'est rappelé, d'un coup d'œil ébloui, cette histoire, ou pour mieux dire ce poëme de la Normandie, depuis les temps fabuleux de Guillaume *le Bâtard,* jusqu'aux batailles du roi Louis XI, jusqu'aux victoires du roi Henri IV, celui-là seul peut dire quel est l'effet tout-puissant de cette ville, placée là pour donner la vie, le mouvement, l'unité à cette noble province. Mais cependant faites que la ville tout entière sorte de ses murs, pour mieux vous recevoir; attirez-la dans ce vaste emplacement qui suffirait à contenir tous ses monuments, toutes ses rues, tous ses marchés, et même sa cathédrale et les tombeaux de ses ducs; faites que cette garde nationale de Rouen, née en juillet, couronne toutes ces hauteurs; appelez à vous, dans l'appareil et sous les bannières de leur noble métier, de leur industrie, de leurs beaux-arts, tous les citoyens de cette ville, intelligente entre toutes; faites que de loin le grand Corneille vous apparaisse debout sur un piédestal; que les cloches sonnent à toutes volées; que le canon fasse retentir sa voix puissante; amenez à cette fête les magistrats de la cité, dignes héritiers de ces magistrats célèbres dont la jurisprudence a été si longtemps la loi suprême; que cette noble cour ait à

4.

sa tête un homme aimé, honoré, bienveillant, éloquent ([1]); demandez, pour toutes ces forces réunies, la bénédiction et les prières de ce prince de l'Église ([2]) et de cet admirable clergé normand, courageux et dévoué, les dignes successeurs de ces nobles prêtres qui osèrent résister à la Sorbonne, et même à la cour de Rome, quand la Sorbonne et la cour de Rome furent d'avis que Jeanne d'Arc était hérétique; appelez à vous, en même temps, les plus belles personnes du pays de Caux, l'orgueil des fermes de la Normandie, et tous les laboureurs normands, le bon sens et la prudence en personne, et les marins de la rivière de Seine, dont les aïeux, même avant Christophe Colomb, ont pressenti le nouveau monde; oui, certes, attirez dans ces vastes prairies cette noble et utile foule; ajoutez-y les plus beaux cavaliers, les plus fiers soldats de l'armée; en même temps, que le maire et les magistrats de la cité offrent à tous l'hospitalité royale de la ville; et enfin, faites que les nouveaux débarqués de Paris, le prince ([3]) qui est à leur tête, les trois ministres, la chambre des députés, la chambre des pairs, l'Institut, les belles-lettres, les beaux-arts, fraternisent avec leurs frères de la Normandie; que les Anglais et les Français, dans le commun élan de ce patriotisme européen qui vient d'enfanter une œuvre si grande, rompent le même pain et boivent dans le même verre, et vous aurez encore une faible idée du grand spectacle que cette voûte sous laquelle s'arrête la locomotive encore haletante, offrait le jour où, pour la première fois, elle reçut ses hôtes de Paris. A nous le chemin de fer de Paris à Rouen! — aux Anglais le tunnel sous la Tamise! Les deux nations ont fait là, chacune de son côté, un beau, glorieux et bon marché.

Il nous était impossible, avant de pénétrer dans la noble cité qui est le but de ce grand voyage, de ne pas rappeler, en peu de mots, la façon

1. M. Franck-Carré, premier président de la Cour royale.
2. M. le prince de Croï, mort le premier jour de l'inauguration solennelle.
5. S. A. R. Mgr. le duc de Nemours.

hospitalière dont elle a célébré cette grande révolution dans les destinées présentes et dans les destinées à venir, avec ce bon sens et cette prévoyance qui ont joué un si grand rôle dans le passé de la Normandie. La ville de Rouen, pour mieux célébrer les merveilles des temps écoulés, évoquait devant elle tous les héros de l'histoire d'autrefois, car dans les plaines verdoyantes qui entourent Sotteville, le dernier village de notre itinéraire, sur les ving-cinq bannières déployées et portées d'une main ferme, vous pouviez lire tous les grands noms de la cité, tous ceux qui l'ont servie, tous ceux qui l'ont aimée, les soldats qui lui ont prêté leur épée, les poëtes qui l'ont abritée sous leur génie; les artisans pour leur intelligence, les hommes d'État pour leur dévouement. La gloire de la vieille cité normande était ainsi portée en triomphe sur ces nobles bannières, brillantes de tout l'enthousiasme et de tous les feux du jour.

Sotteville. — Inauguration du Chemin de fer. — Revue de la garde nationale.

Débarcadère de Rouen, le jour de l'inauguration, 3 mai 1843.

ROUEN.

SON HISTOIRE. — SES MONUMENTS. — SON INDUSTRIE. — SON COMMERCE. — SES GRANDS HOMMES.

Mais vous avez mis pied à terre. Ici, vous redevenez un voyageur vulgaire, et bien vous en prend. Vous pouvez regarder à loisir, et promener tranquillement vos souvenirs, entraînés tout à l'heure, sans trêve ni relâche, sur les pentes de cet impitoyable coursier qui s'appelle la vapeur. La terre que vous foulez est une terre historique, s'il en fut. Avant d'être un chef-lieu de département, et bientôt un faubourg de Paris, cette ville de Rouen a été la capitale d'une grande province, pour ne pas dire d'un vrai royaume; elle a été l'un des centres les plus importants et les plus actifs de la vieille France. A son nom se rattachent presque tous les grands événements qui ont ébranlé le sol de cette contrée.

Si nous remontons à l'origine des temps, nous la trouvons sous un nom que cherchent encore les étymologistes, capitale de la tribu des Vélocasses, et de ceux-là, que reste-t-il, je vous prie, dans la vieille cité gauloise, si glorieusement transformée? Puis vinrent les Romains, qui enveloppèrent la ville dans le vaste réseau, étendu par eux sur l'univers, mais sans qu'elle déchût de sa position première. Ils en firent la capitale de la *deuxième Lyonnaise*, une vaste province qui, de la mer, allait, bien avant dans le centre du pays. Rouen s'appelait alors *Rothomagus*, et les géographes de l'époque impériale n'ont eu garde de passer ce nom sous ce silence. Après les Romains, les Francs, dont la domination brutale nous jette en passant le souvenir du crime qui frappa au milieu de ses ouailles, Prétextat, l'évêque de Rouen, l'imprudent ennemi de Frédégonde. Alors *la Lyonnaise* est devenue *Neustrie*, et dans la grande débâcle de l'empire carlovingien apparaissent tout à coup, derrière les îles qui nous bordent là-bas l'horizon, des embarcations inconnues et bizarres, glissant comme des serpents sur les eaux du fleuve étonné... ce sont les Normands qui arrivent, la hache et la torche à la main. Mais les hommes du nord se lassent à la fin de détruire. Quand, sur ce pays, battu en tous sens par les rois de la mer, il ne reste rien à prendre que le sol, ils s'en emparent. Aux dernières lueurs de l'incendie qui s'éteint dans les campagnes, Rollon entre en pourparler avec le clergé de Rouen, qui lui ouvre les portes de la ville, et aussitôt tout change d'aspect. Cette proie devenue leur chose, les Normands la font grande, et riche, et puissante, et parée; ils y commencent leur réputation de merveilleux *bâtisseurs* dont vous jugerez bientôt, et leur vaillante main la défend hardiment contre tout venant. On vous montrera, ici même, une place qui a nom la *Rouge-Mare*. C'est un duc de Normandie, Richard *Sans-Peur*, qui l'a baptisée avec le sang des Allemands, des Flamands et des Français, venus tous ensemble pour lui disputer sa ville. Puis, ces terribles ducs s'en vont, un beau jour, *gaaigner* l'Angleterre, et, en partant, ils promettent à Rouen leur capitale, qu'ils vont la mettre à la tête d'un grand empire. Seulement, quand l'Angleterre est conquise il arrive qu'elle absorbe à son profit le pays des conquérants. Bientôt la Normandie n'est plus qu'une province anglaise; les rois de Londres la jettent, comme un os à ronger, à leurs puînés, qui se l'arrachent, se la vendent, se la volent, et pendant que cette race fougueuse et prodigue des Plantagenets s'en va gaspillant, au hasard, sa fortune et son honneur, la royauté capétienne est à quelques lieues, qui attend, habile et patiente, le moment de regagner le terrain perdu.

Enfin, Rouen, lassé du joug d'outre-mer, se rappelle qu'il a fait autrefois partie de la grande famille gauloise, et la ville ouvre ses portes à Philippe Auguste. Vous dire toutes les aventures, toutes les luttes, toutes les souffrances, tous les exploits de la *bonne ville*, une fois rentrée au giron de la patrie commune, dépasserait les bornes d'une causerie. Il faudrait un livre, et nous n'avons qu'un coup d'œil à jeter sur la ville et sur son histoire, pendant que là-bas, à l'extrémité du quai, le bateau à vapeur chauffe ses chaudières, et lance déjà dans les airs sa noire colonne de fumée, qui s'élève en épais tourbillons, par-dessus les mâts légers des sloops et des goëlettes.

L'histoire de Rouen, vous la rencontrez à chaque pas que vous faites dans ses rues. — Cette lourde construction jetée comme un pont massif, en travers de la rue de la *Grosse-Horloge*, c'est la vieille tour du beffroi. Que de fois partit de ce beffroi le signal qui appelait aux armes les hommes de la commune, toujours prêts à coiffer le pot de fer et à marcher, la pique au poing, contre quiconque porte la main sur leurs priviléges, contre monseigneur l'évêque, contre l'abbé de Saint-Ouen, contre leurs voisins, les sires de Blosseville, de Canteleu, du Mesnil-Raoul, voire contre les gens du roi ! — Rouen a bravement tenu son rang dans la grande bataille des communes, aux quatorzième et quinzième siècles, et son drapier Legros, qu'il nomma roi, dans un jour d'effervescence populaire, est resté dans l'histoire comme une des plus hardies impertinences de ces temps de révoltes bourgeoises et d'émancipation prématurée.

Aujourd'hui, les bataillons de cette fière et belliqueuse milice communale se sont pacifiquement transformés en légions de gardes nationaux, et le vieux beffroi, baptisé par le peuple du nom gracieux de *cloche d'argent*, ne le rassemble désormais, au bruit de ses sonores volées, que contre le seul ennemi qui lui reste, le feu. Je me trompe ; chaque soir encore, le beffroi sonne le *couvre-feu*, dernier souvenir des tyrannies féodales, conservé on ne sait comment comme une superstition inoffensive des temps passés. Mais sa voix, si redoutée jadis, est la bienvenue au milieu des veillées : elle apprend au travailleur désheuré qu'il est neuf heures. Les débris de fortifications que vous verrez aux environs des boulevards, ici une tour ronde laissée debout, par hasard, là un pan de mur crevassé dont l'aspect jure avec le plâtre des maisons voisines, ces pierres moussues et abandonnées ont été les témoins des combats soutenus autrefois contre l'Anglais, quand il voulut reconquérir sa chère province. Elles pourraient vous raconter la sanglante promenade d'Édouard III, descendant paresseusement la Seine dans ses bateaux de cuir, pendant que ses Irlandais et ses Gallois brûlaient, pillaient et tuaient, sur les deux rives ; les fureurs des Armagnacs et des Bourguignons, et l'intrépidité romaine de cet héroïque Alain Blanchard, qui répondait aux bourreaux de Henri V, dont la main s'avançait pour recevoir une rançon : « Je n'ai pas de bien, je ne puis me racheter ; mais j'en aurais, que je ne l'emploierais pas à empêcher un Anglais de se déshonorer. » Tout à l'heure, quand vous arriverez au *Vieux-Marché*, surgira, du milieu de ces ignobles échoppes de revendeuses de poisson, la grande et sainte figure de Jeanne d'Arc, cette noble jeune fille qui vint expier, à Rouen, le crime d'avoir sauvé la France.

Vous apercevez d'ici une ruine rougeâtre sur le sommet de la montagne Sainte-Catherine, cette côte gigantesque qui s'élève à pic en face de vous, de l'autre côté du fleuve... c'est tout ce qui reste du formidable bastion au pied duquel le roi de Navarre trouva la mort en combattant, à la suite de François de Guise, contre ses anciens frères, les protestants. Les façades mutilées de la cathédrale, de Saint-Ouen, de Saint-Maclou, de toutes les églises de Rouen, vous parleront, à leur tour, du passage des protestants. Plus loin, sur la côte de Darnetal, s'élève la tour de Carville, où se posta le Béarnais quand il vint redemander sa ville aux ligueurs, maîtres de la place. Le palais de justice, cette merveille de pierre, vous racontera les séances importantes de ce fameux *échiquier* de Normandie, père de ce parlement Normand, qui abrita à travers les époques les plus soumises de l'impérieuse royauté de Louis XIV, les vieux priviléges de la province, et les traditions vénérées du *coutumier* de Normandie. Il n'est pas jusqu'à la révolution de 1793 qui n'ait attaché, elle aussi, son souvenir aux murailles de la cité, souvenir de destruction, comme vous pensez bien : vous le retrouverez en passant devant les porches mutilés de Saint-Maur, de Saint-Martin-sur-Renelle, de Saint-Étienne-des-Tonneliers, dont elle avait fait des ateliers ou des magasins, et qui ont perdu, pour toujours, leur destination première.

Rouen a été bâti sur la rive droite de la Seine, au fond d'une vallée ouverte vers le sud ; autour de cette vallée règne, de l'est à l'ouest, une chaîne de montagnes élevées qui coupent, aux deux extrémités, les vallons étroits de Déville et de Darnétal. De ses épaisses murailles, de ses fossés profonds, des tourelles, des bastions, des casemates, des portes doublées de fer, qui en faisaient autrefois une des places les plus fortes de la France du moyen âge, il ne lui reste, à cette heure, qu'une vaste ceinture de boulevards, plantés de 1770 à 1780. Avec la ligne des quais qu'ils rejoignent à ses deux extrémités, ces boulevards enferment la ville dans une sorte de demi-cercle, d'une lieue et demie environ, qui la sépare à l'est, du côté de Paris, des faubourgs de Martainville et de Saint-Hilaire; au nord, des faubourgs de Beauvoisine et de Bouvreuil; et à l'ouest, du faubourg de Cauchoise. Toute cette ville s'en va en montant des bords de la Seine, aux pentes assez rapides, sur lesquelles sont construits ses faubourgs. Au centre du demi-cercle, une rue de 1,300 mètres, sous les trois noms de rue *Grand-Pont*, des *Carmes* et *Beauvoisine*, va de la corde de l'arc à son extrémité, et coupe Rouen en deux parties, dans toute sa longueur.

Là, vous retrouverez quelque chose de la vie bruyante et remuante des rues de Paris; là, s'est refugié le luxe des boutiques, et tout ce commerce de coup d'œil et de fantaisie, créé pour la plus grande satisfaction du flâneur. Or, le Rouennais flâne peu; à peine le soir venu, vous le verrez promener ses maigres loisirs, sur cette imperceptible promenade qui commence le long du quai, au pied de la rue du Grand-Pont, et finit quelques pas plus loin, à la statue de Boïeldieu, son illustre musicien. Rouen possède, il est vrai, sur l'autre rive de la Seine, à l'endroit même où vous a déposé le chemin de fer, une magnifique promenade que lui envierait Paris, *le Cours-la-Reine* ou *Grand-Cours*, avenue grandiose de 674 toises de long, plantée au dix-septième siècle, sur les terrains de l'ancien prieuré de Grammont, une fondation du roi anglais Henri II. Mais en vain le Cours-la-Reine appelle les promeneurs, de toute la majesté de ses quatre rangées de vieux ormes qui vont courant le long du bord de l'eau, de toute la beauté du merveilleux aspect qu'offrent à l'œil ravi, les îles fleuries de la Seine et les vertes hauteurs qui couronnent la rive opposée; il faudrait dix minutes pour aller le chercher, dix minutes ravies aux détails du comptoir, aux calculs du grand-livre! Mieux valent encore les petits arbres enfumés par le gaz, et le trottoir microscopique du Cours-Boïeldieu.

A ces causes, le Cours-la-Reine est abandonné au petit peuple, qui, aux jours de repos, y descend par bandes endimanchées, pour aller gagner les joyeuses guinguettes de Sotteville.

5

Les dernières maisons de Sotteville touchent au faubourg Saint-Sever, qui couvre la rive gauche. Derrière ce nom modeste de faubourg, il y a toute une ville, et plus grande, plus peuplée et plus vivante que ne le sont beaucoup de villes de France. Sur 92,083 habitants que donne le dernier recensement de Rouen, Saint-Sever en revendique une vingtaine de mille pour sa part. C'est tout un monde de fabriques et d'usines, qui s'éparpillent au loin dans la campagne, et dont les hautes cheminées s'élançant de toutes parts, du milieu des arbres, donnent au paysage un aspect original et pittoresque.

Voici plus loin les deux routes d'Elbeuf et de Caen. Saint-Sever possède un des plus beaux hospices d'aliénés qu'il y ait en France, la vaste maison de Saint-Yon, fondée en 1758 par la confrérie du même nom. Tout à côté est la place Bonne-Nouvelle, ouverte derrière les maisons du faubourg, à l'entrée des prairies du Petit-Quevilly. Cherchez bien, sur cette place toute riante et champêtre, et dont pourtant le nom n'arrive guère à la bouche du Rouennais qu'encadré dans quelque proverbe sinistre; à l'un des coins vous trouverez quatre pierres plantées en carré dans le sol; ce sont les assises de l'échafaud. A deux pas de cette place fatale, est l'ancien prieuré de Bonne-Nouvelle, fondé par Guillaume le Conquérant.

Pour tout dire, à chaque pas vous marcherez sur les ruines d'une église ou d'un couvent. De ce couvent on a fait une caserne de cavalerie où, faute de chevaux, on loge, en attendant une décision ministérielle, quelques compagnies d'infanterie qui tiennent au large dans un coin du vieux cloître. Saint-Sever possède une autre caserne qui pourrait contenir 1,100 hommes; elle s'élève au bord de l'eau, sur l'emplacement d'une immense grenier à sel, construit au commencement du siècle passé, et qui n'avait pas moins de 62 toises de long sur 25 de large, et 42 pieds de hauteur. Malheureusement la gabelle avait mal choisi l'architecte. A peine achevé, son colossal grenier s'abattit.

Saint-Sever communiquait autrefois avec le reste de la ville par un pont en bateaux, l'admiration des habitants, qui le citaient avec orgueil comme une des merveilles de Rouen. C'était une espèce de machine flottante, soutenue dans une longueur de 270 pas, sur 15 bateaux de front, qui haussaient et baissaient au gré du flux et du reflux. Les deux côtés à droite et à gauche, qui tenaient lieu de parapets, étaient élevés en forme de banquettes, et servaient pour les gens de pied ; le milieu était pavé, et destiné pour les chevaux et les voitures. On démontait ce pont avec facilité, lorsque les glaces étaient à craindre, ou bien pour donner un passage aux bateaux qui remontaient à Paris ; il se repliait sur lui-même au moyen de roulettes de fer que faisaient jouer des poulies de cuivre ; six hommes avec un cabestan l'ouvraient et le fermaient sans peine. L'entretien du pont s'élevait, année commune, à 50,000 fr., déduction faite des 20,000 fr. que coûtait chaque bateau à remplacer.

Aujourd'hui, le pont de bateaux a disparu comme une machine passée de mode ; deux piles en bois, que recouvrent à peine les plus hautes marées, et sur lesquelles s'amarrent les chalands, montrent au milieu de l'eau, la place où l'on traversait la Seine. Maintenant vous traversez la ville de plain-pied sur deux ponts magnifiques, de construction moderne ; le pont de pierre a été jeté par l'empereur Napoléon, vis-à-vis de la rue Malpalu, en travers de l'île Lacroix, dont il coupe la partie occidentale. On ne saurait mieux le comparer qu'au Pont-Neuf de Paris, dont il a les dimensions et l'aspect.

Pour achever la ressemblance, à la pointe même de l'île, sur une esplanade pareille à celle qui supporte notre statue de Henri IV, s'élève la statue en bronze de Pierre Corneille, l'imposante gloire de Rouen, le précieux fleuron de sa couronne poétique. Cette statue est l'œuvre du statuaire David, et rien qu'à voir cette pose un peu théâtrale, et tout ce luxe de draperies jetées au vent, on regrette de ne pas trouver tout à fait le bonhomme Corneille.

Le pont de fer qui s'étend sur la Seine, entre la rue Saint-Sever et la rue Grand-Pont, ses longs cordages de fer, soutenus au centre par quatre gigantesques colonnes de fonte, est une des plus belles constructions de ce genre que nous ayons en France. Il se rétrécit dans l'entre-deux des colonnes, pour former un léger pont-levis qui livre passage aux navires. Le pont de fer a élevé, pour les habitants de cette ville, à la hauteur d'un véritable signe représentatif, le *centime*, prix modeste du péage, qui coûte quatre fois moins cher que le pont des Arts à Paris.

Au pont de fer s'arrête la ligne des navires, qui va se prolongeant sur chaque rive, jusqu'à l'entrée de la route du Havre. Les bâtiments d'un faible tonnage peuvent seuls arriver au port de Rouen, par les difficultés insurmontables qu'offrent les bas-fonds et les sables mouvants de la basse Seine. Au mouvement incessant, à l'activité joyeuse qui règnent sur ces quais, encombrés des produits de tous les pays, on aurait peine à deviner que ce soit là un port mal favorisé par la nature. Bordeaux et la Saintonge y envoient leurs vins et leurs eaux-de-vie, dont Rouen est l'entrepôt le plus considérable.

Sur la rive droite, se pressent en file les bateaux sauniers et les charbonniers de Newcastle, dont le déchargement occupe plusieurs centaines de bras, d'un bout à l'autre de l'année. L'Amérique, le Levant, l'Italie, l'Espagne, le Portugal, la Hollande, les nations du Nord, tous nos départements maritimes fournissent leur contingent à ce grand rassemblement. Graines, farines, salaisons, cuirs, drogueries, épiceries, bois de teinture, cotons bruts et filés, chanvres, laines, ardoises, pièces de fonte gigantesques, et métaux de toute espèce, brai, goudron, les draps, les toiles, les rouenneries pour tout dire, enfin l'art normand, s'entassent pêle-mêle sur ces quais immenses.

Cet entrepôt sans fin enrichit la ville, et lui a permis de parer ses quais avec une sorte de coquetterie splendide et grandiose. De l'avenue du Mont-Riboudet au Cours-Dauphin, c'est-à-dire, de la route du Havre à la route de Paris, ces quais offrent dans toute la longueur de la ville, une longue file de bâtiments magnifiques, alignés au cordeau, que dominent la douane et l'hôtel des Consuls.

Un seul pâté d'ignobles masures défigure encore, entre les deux ponts, cette belle perspective, au profit de l'amateur du gothique, dont l'œil contempteur de la pierre fraîchement taillée peut se reposer encore sur du vieux plâtre et des toits en pointe, avec accompagnement de châssis poudreux, de solives vermoulues et autres accessoires des beaux-arts du moyen âge normand.

Les vieilles maisons.

C'est là, du reste, un plaisir dont peut se rassasier à loisir l'amateur

5.

de joujoux gothiques, aux premiers pas qu'il hasarde dans l'intérieur de
la ville. Rouen était célèbre au vieux temps, par le luxe et l'élégance de
ses maisons; les arabesques du *livre des Fontaines*, conservé dans
les rayons de la bibliothèque de la ville, pourront vous donner un spé-
cimen de ces mille et une merveilles du temps passé.

Nous l'avouons, à la honte de notre prosaïsme bourgeois, l'admiration, quoi qu'elle fasse, a peine à se prendre aux restes dégradés de
ces anciens chefs-d'œuvre. Le temps, cet inexorable démolisseur, a dé-
formé ces hardis pignons, disloqué ces charpentes en saillie, rongé les
sculptures délicates des boiseries, pourri les auvents vernissés; la pluie
aidant, et c'est un grand hasard, qu'un jour sans pluie à Rouen, le
temps a étendu sur toutes ces gracieuses fantaisies, qui étaient l'orgueil
et la joie d'un autre âge, une couche verdâtre de moisissure, fort
poétique, qui en doute? mais dont l'œil ne peut réellement s'accom-
moder qu'à grand renfort d'imagination.

Çà et là néanmoins, se rencontrent quelques maisons mieux con-
servées; par exemple, la vieille maison qui fait le coin de la rue
Grand-Pont, à l'entrée de la place de la cathédrale, charmante relique
du quinzième siècle, qu'on dirait échappée au ciseau de quelque artiste
florentin. Deux maisons entre autres, appellent le voyageur par un
autre genre d'intérêt. Sur l'une, située rue des Bons-Enfants, se lit cette
inscription : « *Fontenelle* est né dans cette maison le 14 février 1657. »
L'autre, qu'il faut aller chercher dans l'humble rue de la Pie, porte,
gravés en lettres d'or, au-dessus de sa porte, ces mots magiques : « Ici
est né, le 6 juin 1606, PIERRE CORNEILLE. »

Des anciennes habitations de Rouen, il en est une pourtant qui est
restée et qui restera longtemps encore un admirable sujet d'études pour
l'artiste, aussi bien que pour l'antiquaire. C'est le fameux hôtel du
Bourg-Theroude; les bas-reliefs, représentant l'entrevue du camp
du Drap-d'Or, entre Henri VIII et François Ier, ont à la fois l'importance
d'un monument historique, et la valeur d'une œuvre d'art, exquise dans

son ensemble comme dans ses détails. Le Bourg-Theroude est de la fin du quinzième siècle. Entre ces nobles murailles fut logé le comte de

Hôtel du Bourg-Theroude.

Scherosbéry, l'ambassadeur d'Élisabeth d'Angleterre, quand il vint apporter à Henri IV l'ordre de la Jarretière, gage d'alliance intime

entre les deux royautés. L'intérieur seul a conservé ses précieux ornements. Au dehors, l'hôtel a le sombre aspect d'une masse noire et nue,
sans autre décoration qu'une tourelle à encorbellement; encore élégante dans sa ruine, la tourelle semble suspendue à l'encognure méridionale de la façade.

La façade de l'hôtel du Bourg-Theroude donne sur l'ancien *marché
aux veaux*, aujourd'hui *place de la Pucelle*. A cette place funeste
où s'élève cette ridicule statue représentant quelque chose d'assez semblable à une nymphe de fontaine mythologique, les Anglais brûlèrent
Jeanne d'Arc! Merveilleux prestige d'une tradition sainte, d'un souvenir chaste et pieux! tout ce peuple ignorant et grossier qui promène
dans ces parages boueux son travail incessant et ses distractions avinées,
respecte d'instinct ce nom des temps passés, dont il soupçonne seulement l'histoire, et il vous parle avec orgueil de la Pucelle. Et pourtant c'est un pauvre titre que celui de Rouen sur Jeanne d'Arc! La
place de la Pucelle ne faisait qu'une, autrefois, avec la place du Vieux-
Marché, la plus ancienne de Rouen, sur laquelle s'élevaient l'échafaud
et le pilori, et dont le nom n'est que trop bien justifié par l'air de
vétusté des constructions qui l'entourent.

Parmi les curiosités du vieux Rouen, citons aussi l'ancienne tour
du Beffroi, aujourd'hui tour de la Grosse-Horloge; elle porte la date
de 1389. L'horloge, véritable monument de cuivre ouvragé, ne fut
achevé qu'au milieu du siècle suivant. En 1527 fut construite la voûte
qui joint la tour aux anciens bâtiments de l'Hôtel de Ville, élevé sous
Henri IV. Dans l'ombre de cette voûte massive, l'œil parvient à
distinguer deux grands bas-reliefs, d'une exécution problématique,
tant est épaisse la couche de poussière et de boue sous laquelle ils
disparaissent. Le peuple s'obstine à y voir le *bonhomme Rouen* gar-
dant ses moutons, bonhomme fabuleux, le fondateur supposé de la
ville, dont l'histoire n'a jamais parlé, mais que la tradition abrite sous
son aile complaisante.

La Grosse-Horloge.

De la Grosse-Horloge au Palais de Justice il n'y a qu'un pas. Cet édifice, l'une des plus belles choses de la ville, fut élevé, en 1499, par Louis XII, pour l'*Échiquier de Normandie*, justice flottante qui suivait jadis les princes normands comme l'ombre suit le corps;

mais le bon roi Louis XII avait voulu que la justice fût stable, et que
les peuples vinssent à elle! — La salle dite des Procureurs avait été
construite, quelques années auparavant, pour servir de lieu de réunion
aux marchands. Cette salle immense, de 160 pieds sur 50 de largeur,
fait encore aujourd'hui l'admiration des meilleurs architectes. Le grand
escalier qui y conduit ne fut établi qu'en 1607. Le Palais-de-Justice
s'élève en retour d'équerre, à l'une des extrémités de la salle des Pro-

Palais de Justice.

cureurs. La façade, décorée de tout ce que l'architecture d'une époque
industrieuse et savante offre de plus élégant, de plus délicat et de plus
riche, s'étend sur plus de 200 pieds. On remarque la jolie balustrade
qui surmonte le faîte de l'édifice, une charmante tour octogone qui
sépare la façade en deux parties, et les portes qui ferment la grande
tour du Palais.

. Après le Palais de Justice, si vous ne voulez pas laisser refroidir votre admiration, il faut aller voir la cathédrale. Comme toutes les grandes constructions du moyen âge, cette masse imposante, qui, de loin, domine la ville entière, a été l'ouvrage de plusieurs siècles. Commencée en 1200, par les ordres de Jean-Sans-Terre, les générations se la sont passée de main en main jusqu'à Georges d'Amboise, le cardinal ministre, ami du roi Louis XII. Georges d'Amboise a fait élever le grand portail et toute cette partie de la façade qui est comprise entre les deux tours, sur une largeur de 170 pieds. Au centre de l'édifice se trouve la *lanterne*, élevée de 160 pieds sous clef de voûte, et soutenue par quatre gros piliers supportant le soubassement d'une tour carrée, sur laquelle s'élevait naguère, à la hauteur de 396 pieds, un clocher pyramidal en charpente, recouvert en plomb.

Cette magnifique pyramide, qui couronnait si admirablement l'édifice, a été incendiée par la foudre, le 15 septembre 1822. A peine écroulée, Rouen songeait déjà à la relever, et à sa place s'élève en effet une nouvelle flèche, mais en fonte, construite à jour sur les dessins de M. Alavoine, et dont les dernières pièces atteindront à 436 pieds de hauteur. Dans son ensemble, cette flèche ne pèse pas moins de 1,062,344 livres, et pourtant, à la voir s'élever ainsi, svelte et évidée, du milieu de cette base gigantesque, l'on dirait de quelque échafaudage destiné à recevoir la construction véritable, et l'on a peine à se figurer que cette mince dentelle de fer, que le jour inonde et traverse de toutes parts, fasse partie du même tout que les deux tours massives derrière lesquelles elle s'élance dans les airs. Quant à ceux qui voient dans un monument autre chose qu'une affaire de coup d'œil, et qui aiment à évoquer le fantôme du siècle qui l'a créé, je vous laisse à penser quel ordre d'idées doit éveiller, dans leur esprit, ce prolongement d'une cathédrale gothique, sorti des flancs prosaïques d'une usine. — Le moyen âge chrétien attelé côte à côte avec l'industrialisme moderne, et lui livrant, par arrêté municipal, son œuvre à accomplir.

En dépit de cette restauration peu intelligente, Notre-Dame de
Rouen reste encore un des types les plus curieux et les plus riches de

Cathédrale de Rouen. — Portail de la Calendre.

l'architecture gothique. Le portail de la Calendre, séparé malheureusement du grand portail par une rue qui s'adosse à la cathédrale, est

un chef-d'œuvre de sculpture naïve et patiente, dont les détails représentent tous les actes de la vie de Jésus-Christ. Situé au fond d'une sorte d'allée sombre que forment, d'un côté les murs de l'église, de l'autre la vieille maison du chapitre, le *portail des Libraires* repré-

Cathédrale de Rouen. — Portail des Libraires.

sente le *jugement dernier*. « Le monde est à sa fin ; la trompette funèbre du dernier jour remplit l'univers de son épouvante et de son bruit terrible; les morts sortent du tombeau; l'ange, d'un geste, indique aux damnés le chemin de l'enfer. Dans une infinité de petits cadres, toutes sortes de petites figures grimaçantes sont placées comme par hasard. Cependant, il vous est facile de remarquer l'arbre *du bien et du mal*, Adam et Ève, Samson et le lion; puis encore une galerie, puis un grand toit percé de fenêtres : voilà pour le portail des Libraires. »

La tour méridionale, ou de Georges d'Amboise, dite la *tour de Beurre*, parce qu'elle fut bâtie des deniers perçus par le chapitre, à l'occasion des dispenses du carême, est ornée, vers le milieu, de deux galeries à jour qui forment des espèces de ceintures horizontales. Cette partie de la tour est percée de quatre fenêtres sur chaque face, décorées d'entrelacs et surmontées de pignons à jour. Au-dessus des fenêtres règne une terrasse bordée d'une balustrade. Dans cette tour était autrefois la fameuse cloche Georges d'Amboise, présent du ministre de Louis XII, la plus grosse masse d'airain qui ait jamais rempli les airs de ses mélodies solennelles! Elle fut brisée en 1793, et les morceaux, portés à la fonderie de Romilly, servirent à forger des canons. Quelques fragments, envoyés à l'hôtel des Monnaies de Paris, furent employés à faire des médailles aujourd'hui fort rares. On lit sur une des faces :

MONUMENT DE VANITÉ
DÉTRUIT POUR L'UTILITÉ
L'AN II DE L'ÉGALITÉ.

L'intérieur du temple a conservé ce grand aspect que savaient donner à leurs œuvres les maîtres maçons du moyen âge. Trois grandes roses, telles qu'on savait les faire dans ces époques reines des arts, y versent à flots une lumière brisée, colorée, coupée à l'infini, qui va s'ébattant dans les merveilleux dédales de l'édifice. Les cent trente fenêtres qui, perçant les murs, forment une immense verrière, dont les ouvriers du douzième siècle et les artistes de la renaissance revendiquent chacun

Intérieur de la cathédrale de Rouen.

une moitié, et, dans la lutte, l'avantage n'est pas toujours resté aux derniers. Dans la chapelle de la Vierge, vous pouvez admirer un autre chef-d'œuvre, non pas seulement la table sur laquelle Philippe de Cham-

Tombeau du cardinal d'Amboise.

pagne a représenté l'adoration des bergers, mais le tombeau de Georges d'Amboise, œuvre éclatante de la renaissance, et le mausolée de Louis de Brézé, digne des plus grands maîtres. — Pourquoi faut-il qu'une spéculation de sacristie ait mis, pour ainsi dire, sous clef, ces merveilles de l'art, et que l'on ne soit admis à les visiter qu'en payant

Tombeau de Louis de Brézé.

un droit de péage à quelque malencontreux bedeau, fastidieux cice-rone, dont la présence vous gâte d'avance votre plaisir?

Nous en dirons autant de l'église de Saint-Ouen, la plus belle conception peut-être, et le dernier mot de l'art gothique, dont les portes entre-bâillées d'une main discrète, aux heures du service divin, se referment aussitôt pour ne plus s'ouvrir que par l'entremise d'un portier qui vous introduit, moyennant salaire, dans le temple, et qui attend derrière vous que vous ayez fini de voir, je ne dis pas de prier, il n'a pas de temps à perdre! Ce n'est pas ainsi que Paris fait aux étrangers

6.

les honneurs de ses monuments religieux. La ville de Rouen devrait imiter un exemple parti de si haut.

L'église de Saint-Ouen, qui était autrefois une dépendance de la fameuse abbaye de Saint-Ouen, la plus ancienne de toute la Nor-

L'abbaye de Saint-Ouen.

mandie, fut commencée, le 25 mai 1318, sous l'abbé Marcdargent; sa construction, reprise à quatre fois différentes, s'arrêta à l'époque des Valois, sous le cardinal Cibo, qui laissa le grand portail inachevé.

« Le chef-d'œuvre est complet; il est placé dans une position admirable, au milieu d'un vaste jardin, sous de beaux arbres. On peut

l'admirer de toutes parts, tout à l'aise, à la clarté du jour. Entrez,
vous vous trouvez tout d'un coup au milieu d'une forêt de pierre.
L'élégante forêt porte jusqu'au ciel ses divers rameaux tout chargés
des louanges du Seigneur. A travers les mille vitraux qui resplen-

Intérieur de l'abbaye de Saint-Ouen.

dissent comme autant de poëmes, et dont le reflet coloré se brise en
mille parcelles éclatantes, depuis la voûte qui touche au ciel jusqu'à

la dalle que vous foulez aux pieds, vous distinguez, dans un ensemble magnifique, irréprochable, les diverses parties du monument : la nef, le chœur, les bas-côtés. Figurez-vous un immense ovale, entouré de hautes gerbes de colonnes dressées vers le ciel. Ces longues files d'arcades, éclairées magnifiquement par les trois roses de l'occident, du septentrion et du midi, se prolongent dans une grande ligne lumineuse qui vous donne une idée de tous les mystères de l'infini. Jamais la pierre taillée par la main des hommes n'a pu rêver plus de grâce, plus de délicatesse, et, en même temps, plus de force et plus de majesté. Ce chef-d'œuvre, de quatre cent seize pieds de longueur, de soixante-dix-huit pieds de largeur, cette voûte qui est à cent pieds au-dessus du sol, sont éclairés par cent vingt-cinq fenêtres percées sur trois rangs. Ces fenêtres sont ornées de vitraux magnifiques. Sur ces vitraux, d'ingénieux artistes ont représenté les miracles de saint Romain. Si vous plongez les yeux dans le grand bénitier de marbre, placé contre le premier pilier du portail occidental, vous découvrez la voûte de l'église dans toute son étendue. Onze chapelles environnent le chœur de l'église. La grande tour, qui est un chef-d'œuvre digne de tout le reste, s'élève à cent pieds au-dessus du comble. Elle porte sa couronne percée à jour, et avec tant de grâce et tant de légèreté ; elle est si éternellement stable, appuyée sur ses quatre piliers, composés chacun d'un groupe de vingt-quatre colonnes ! Venez, venez avec nous ; rappelez-vous ce que nous vous disions tout à l'heure du grand art de l'architecture, et reconnaissez à ces signes magnifiques la plus belle époque de l'art. Au portail occidental, qui est incomplet, vous avez admiré la rosace.

« Au portail du sud, vous remarquerez, non pas sans enthousiasme, cette armée de statuettes, de statues, de chiffres, d'emblèmes, de caprices de tout genre ; au-dessus de la porte, la sainte Vierge est couchée dans son sépulcre de pierre ; l'instant d'après, les anges arrivent, qui la réveillent dans sa mort et qui l'emportent dans le ciel.

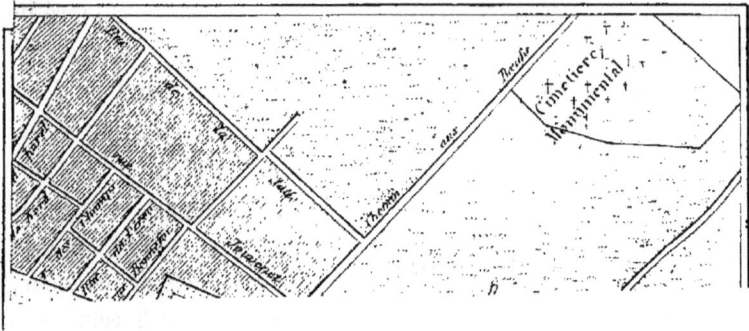

Cimetierei
Municipial

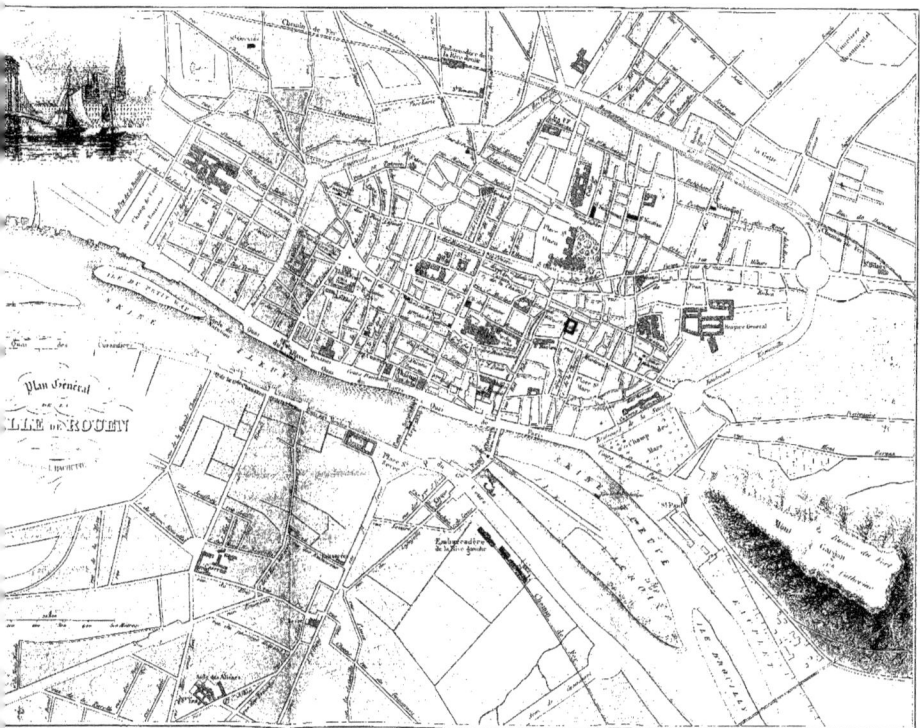

Plan Général
DE LA
LLE DE ROUEN

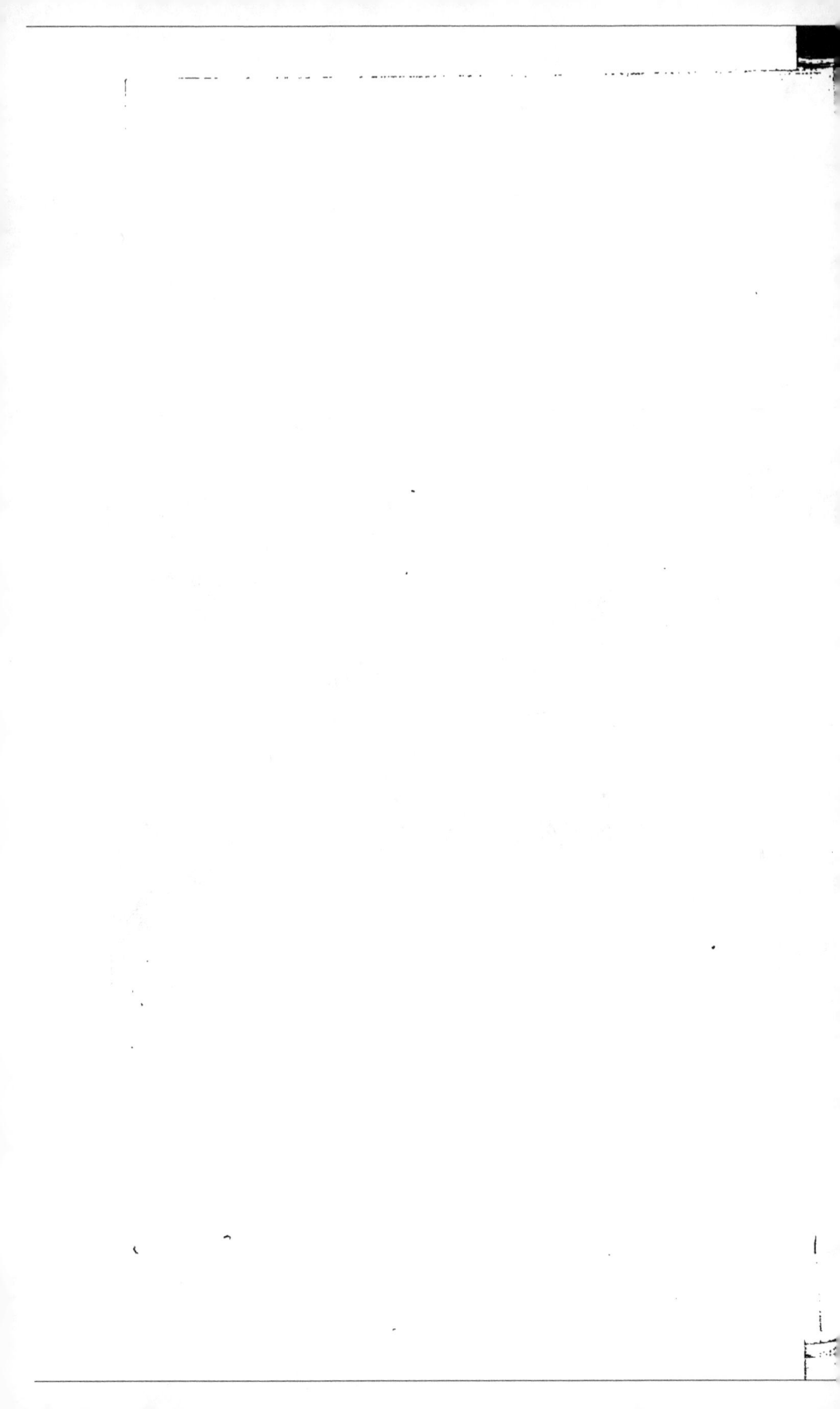

'éritablement on dirait de ce porche l'antichambre du ciel : c'est le hef-d'œuvre de l'architecture ogivale. »

Il y a une histoire tragique sur ces deux roses qui flamboient en erbes resplendissantes, de chaque côté de la nef. Elles avaient été onfiées à Alexandre Berneval, fameux maître sculpteur et verrier de ette époque, qui abandonna la rose de l'occident à l'un de ses élèves. 'œuvre achevée, il se trouva que l'élève avait surpassé le maître, et elui-ci frappa son élève d'un coup de poignard. Berneval fut livré au ourreau ; les religieux de Saint-Ouen, mus par un sentiment de itié reconnaissante, détachèrent son corps du gibet, et l'ensevelirent ous la rose même qu'il avait faite de ses mains.

Tout à côté de la basilique, à l'endroit même où s'élevaient jadis les âtiments de l'abbaye, s'élève l'Hôtel de Ville, dont la façade, de con- truction récente, est d'un style élégant dans sa simplicité. Le grand scalier se distingue par la hardiesse de sa coupe ; l'escalier volant du iilieu est plein élégance et de légèreté.

Le Musée, fondé en 1809 par Napoléon, occupe le second étage de e grand bâtiment, qui contient aussi la bibliothèque de la ville, riche e 30,000 volumes et de 1,100 manuscrits. Le Musée n'est pas, à oup sûr, un musée du premier ordre, mais on y rencontre de très- elles choses, dignes de parer la patrie du Poussin. Un peintre habile, I. Hippolyte Bellangé, préside aux destinées du musée de sa ville na- ale. Dans la bibliothèque, vous trouverez un des plus beaux missels u moyen âge, le célèbre Graduel de Daniel d'Aubonne, qui contient lus de deux cents vignettes de toutes couleurs, et un nombre infini e lettres d'or, enjolivées d'arabesques. Ce livre géant, que vous euilletez en quelques heures, a coûté trente ans de travail à l'ouvrier ui l'a fait.

Il faut s'arrêter pourtant dans cette promenade parmi tant de splen- eurs. Pour vous conduire d'églises en églises, de places en places, 'édifices en édifices : à Saint-Maclou, la miniature de Saint-Ouen ; à

Saint Patrice, à Saint-Vincent, à Saint-Amand, ces œuvres charmantes de la renaissance; aux halles, les plus belles peut-être du royaume ; à l'abattoir de Sotteville, digne de ceux de Paris ; au collége royal, auquel ont mis la main Catherine de Médicis et le cardinal de Joyeuse ; aux théâtres, aux musées, aux prisons, aux hôpitaux, aux monuments de toute sorte que renferme la grande cité, il nous faudrait un séjour, et nous n'avons qu'une halte. Et pourtant, parmi les choses que nous dédaignons, il en est, l'Hôtel-Dieu, par exemple, ou la caserne Martainville, qui seuls suffiraient pour défrayer la curiosité du voyageur oisif et curieux, la race la plus aimable des voyageurs.

Ne quittons pas la ville de Rouen sans donner un souvenir aux hommes célèbres ou utiles auxquels elle a donné le jour. La liste en est longue. A côté des deux Corneille, de Fontenelle, de Benserade, et de ce pauvre Pradon, qui voulut un jour faire mieux que Racine, figurent pêle-mêle, les pères Brumoy, Daniel et Berruyer, trois de ces jésuites du dix-septième siècle qui représentaient le travail et le savoir; Paul Lucas, l'intrépide voyageur; Adam, qui perfectionna l'art de la distillation ; la Champmeslé, l'illustre tragédienne; Jouvenet et Restout, deux bons peintres, et, avec eux, Géricault, peut-être le plus grand peintre de notre temps; Boïeldieu, le compositeur populaire; Armand Carrel enfin, dont le nom a pu être jeté à travers tant d'orages et de passions, sans y ramasser une honte ou un affront. Ajoutons à tous ces noms un nom que vous avez pu lire, à la descente du pont de bois, sur le frontispice d'une charmante maisonnette qui porte cette inscription :

A LOUIS BRUNE,

LA VILLE DE ROUEN.

Celui-là n'était rien, ne savait rien : il n'a fait ni opéras comiques, ni brochures, ni tableaux, ni livres en vers ou en prose : il a simplement sauvé la vie à plus de soixante hommes, un à un. — Il est mort, l'hôte glorieux de cette ville reconnaissante, qui a voulu accompagner Louis Brune jusqu'à son tombeau.

Quant à tout ce qui regarde le bien-être et la commodité du voyageur, soit que le voyageur s'arrête dans la vieille cité normande, soit qu'il pousse jusqu'au Havre et ne s'arrête qu'à l'Océan, nous lui recommandons en toute confiance les maisons suivantes :

Vue du port du Cours Boïeldieu et de l'hôtel d'Angleterre.

PRINCIPAUX HOTELS DE ROUEN.

GRAND HÔTEL D'ANGLETERRE, sur le port, tenu par M. Hippolyte DELAFOSSE (table d'hôte à 5 heures et restaurant à la carte).

GRAND HÔTEL DE ROUEN, tenu par M. JAMAIN DERESMES, quai du Havre, 40, vis-à-vis les bateaux à vapeur du Havre.

DISTANCE DU CHEMIN DE FER

DE ROUEN AU HAVRE.

DISTANCE DE chaque station entre elles.	NOMS DES STATIONS.	DISTANCE DE PARIS.
k. m.	*Embranchement à Sotteville-les-Rouen.*	k. m.
5,581	Station de la rive droite..........	5,581
5,517	— de Maromme..............	11,096
3,862	— de Malaunay..............	14,960
7,846	— de Barentin..............	22,806
1,677	— de Pavilly................	24,483
11,308	— de Motteville..............	35,792
7,421	— d'Yvetot.................	43,213
11,173	— d'Alvimar................	54,386
8,350	— de Nointot...............	62,737
5,569	— de Beuzeville.............	68,306
8,345	— de Saint-Romain..........	76,651
11,162	— d'Harfleur...............	87,813
6,240	GARE DU HAVRE................	94,053
	Distance de Paris au Havre.......	230,053

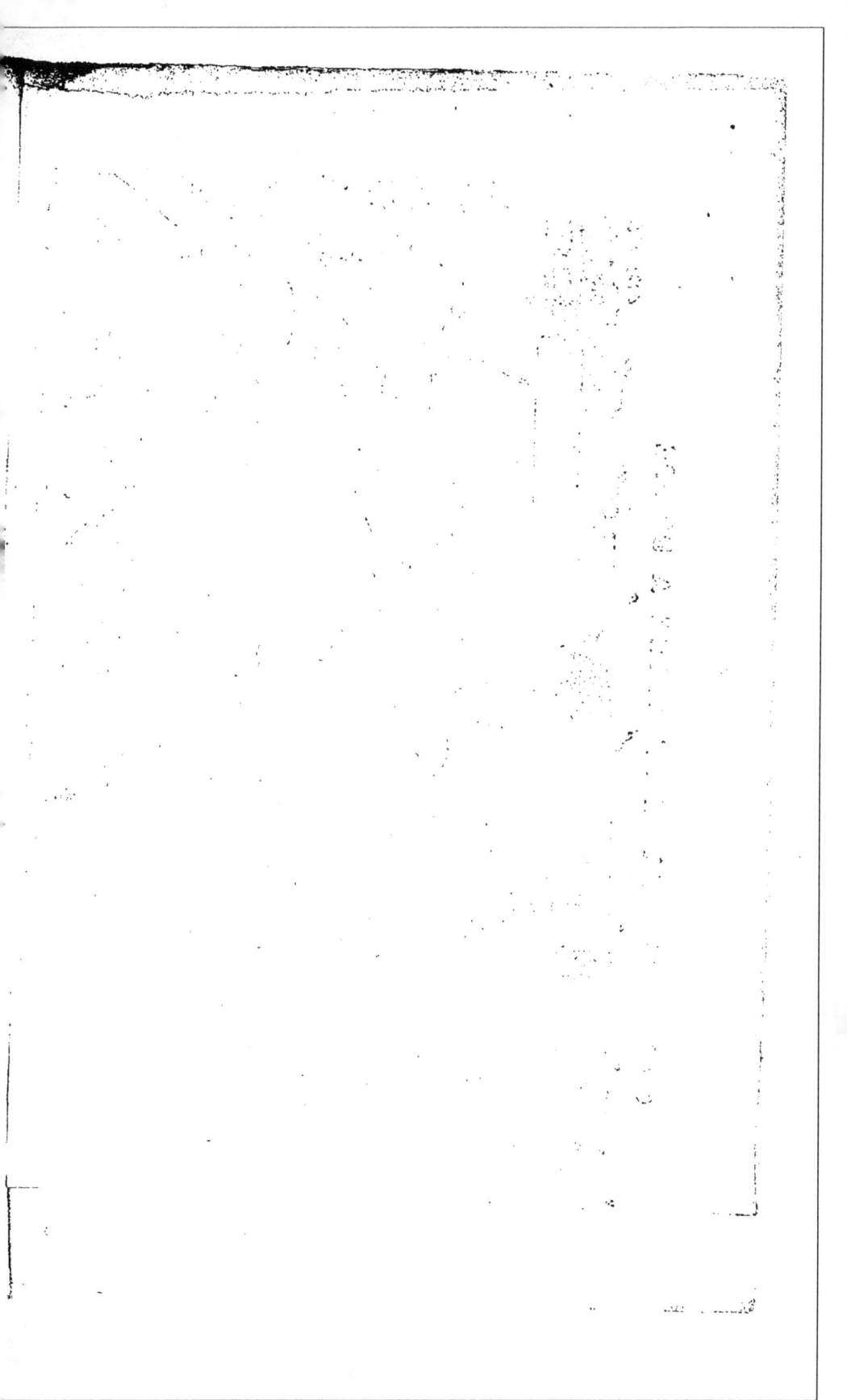

CARTE ITINÉRAIRE DE ROUEN A DIEPPE

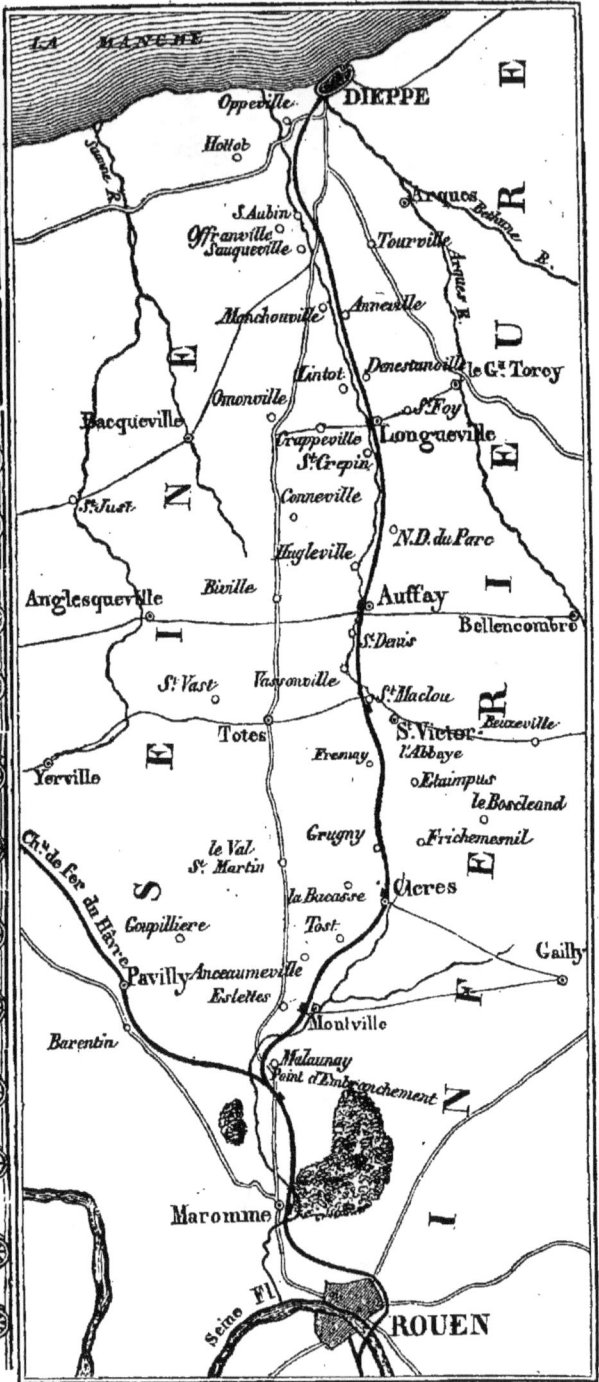

LA MANCHE

DIEPPE

Oppeville
Hollob
Arques
S.t Aubin
Offranville
Sauqueville
Tourville
Manehouville
Anneville
Denestanville
le G.t Torcy
Lintot
S.t Foy
Omonville
Crappeville
Longueville
Bacqueville
S.t Crepin
Conneville
N.D. du Parc
S.t Just
Ingleville
Biville
Anglesqueville
Auffay
Bellencombre
S.t Denis
S.t Vast
Vassonville
S.t Maclou
Totes
S.t Victor
Beuzeville
Frennay
l'Abbaye
Yerville
Etaimpus
le Boscleand
Grugny
Frichemesnil
le Val
S.t Martin
la Bacasse
Cleres
Coupilliere
Tost
Gailly
Ch.n de Fer du Havre
Pavilly
Anceaumeville
Eslettes
Barentin
Montville
Malaunay
Point d'Embranchement
Maromme
Seine F.t
ROUEN

Seine R.
Beaume R.
Arques R.

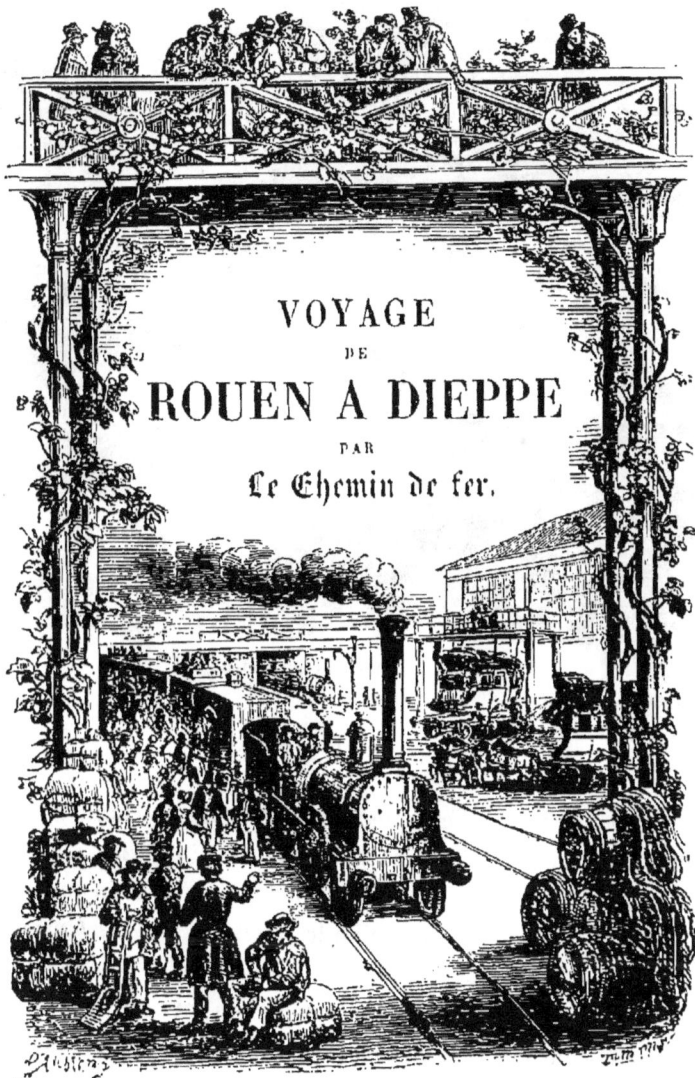

VOYAGE

DE

ROUEN A DIEPPE

PAR

Le Chemin de fer.

Embarcadère de Rouen (rive gauche).

AVANT-PROPOS

Mais hélas ! que vous alliez à pied, en voiture ou en chaise de poste,
que vous soyez venu par la Seine ou par le chemin de fer, c'est la lo[i]
du voyage, il faut aller encore, il faut aller toujours. A chaque pas, l[e]
voyageur entend retentir à son oreille le terrible : *marche ! marche*
qui l'obsède et qui le pousse. *Marche ! marche !* Point de repos, poin[t]
de répit, il faut obéir à la voix qui commande, au vent qui enfle l[a]
voile, au cheval qui emporte la chaise de poste, à la vapeur qui siffl[e]
impatiente de dévorer l'espace et d'emporter avec elle tant d'homme[s]
tant d'idées, d'événements, de passions !

Partons donc ; aussi bien le nouveau chemin de fer s'impatiente, e[t]
l'Océan là-bas vous attend en grondant.

Sotteville. — Bifurcation du chemin de fer de Rouen au Havre.

DÉPART DE ROUEN POUR DIEPPE.

SOTTEVILLE. — TUNNEL DE LA COTE SAINTE-CATHERINE. — FABRIQUES-LÉVEILLÉ.

Puisque nous quittons la ville, après l'avoir visitée, notre voyage commencera, s'il vous plaît, à Sotteville, non loin des puissants ateliers de MM. Alcard et Buddicom, qui ont transporté dans cet humble village toute une nation de travailleurs. Dans ces ateliers, qui ne se reposent ni nuit ni jour, sont fabriquées les machines dont le chemin de fer a besoin; c'est là aussi qu'on les répare; car ces forces imposantes travaillent comme des hommes, et elles arrivent fatiguées, épuisées, souffrantes... *Sotteville* est devenu, grâce à ses forges, une des curiosités, une des richesses de la Normandie. Après une halte d'un instant, le temps de changer de locomotive, on tourne à droite; vous rencontrez un vaste remblai qui traverse de vastes prairies, et la Seine est franchie

en courant sur un beau pont en charpente, jeté sur l'île Brouilly, vis-à-
vis le faubourg d'Eauplet, et porté par dix arches de quarante mètres
d'ouverture. Hâtez-vous, hâtez-vous de regarder sur le coteau de la

Vue générale de Rouen, prise du pont de l'île Brouilly.

rive droite l'église de Bon-Secours, construction charmante, empruntée
au moyen âge, qui couronne ces hauteurs de sa majesté élégante. C'est
un vrai tour de force, cette *église de Bon-Secours :* elle est faite d'hier,
on la croirait bâtie au XIIIᵉ siècle. Rien ne manque à cet art fleuri,
ingénieux, charmant, c'est l'art de nos jours : les vitraux même sortent
de la manufacture de Sèvres. Si on eût osé, on eût apporté en ce lieu
même, des tombeaux... Les tombeaux ne s'élèveront que trop vite !
Cependant, nous voilà déjà bien loin ; on voudrait ne pas aller si vite !
Le beau paysage ! Ces îles, ces ponts, ces vastes ports, la cathédrale de
Rouen disparaissant dans le lointain, les tours de Saint-Ouen s'effaçant

dans l'azur du ciel, il faut quitter tout cela d'un clin d'œil; déjà les bruits de la ville industrieuse font place au silence de la campagne; la Seine même semble nous quitter à regret; nous pénétrons dans les entrailles de cette montagne pittoresque : la *côte de Sainte-Catherine*. — Ce formidable tunnel de la côte Sainte-Catherine est un abîme de cent trente-un mètres de profondeur, sur mille cinquante mètres de longueur. Le convoi s'y précipite avec une énergie violente; le bruit, la fumée, l'obscurité vous emportent... L'instant d'après, reparaît le

Sortie du tunnel de la côte Sainte-Catherine. — Fabriques Léveillé.

ciel, et avec le ciel, l'air pur, l'espace, le paysage, le soleil, toute la vallée de Darnetal remplie de ses énergiques travailleurs. Un habile industriel, M. Léveillé, filateur et teinturier tout ensemble, occupe cinq cents ouvriers dans cette manufacture. M. Léveillé a gagné la médaille d'or à l'exposition de 1844, et la croix de la Légion-d'Hon-

7.

neur en 1849, honneur mérité à force de zèle, d'intelligence, de travail, de probité.

L'aspect de ce paysage est éblouissant! — Tout travaille et tout chante dans ce petit coin de terre! La tour gothique de *Carville* se montre entourée de verdure, la prairie est chargée de fruits et de fleurs; deux rivières peu célèbres, mais très-utiles, la rivière de Robec et la rivière d'Aubette, filets d'eau qui représentent tant de fortunes, se font reconnaître à la couleur de leurs ondes qui roulent tour à tour le bleu et le vermillon, le blanc et le noir dont elles sont chargées. C'est qu'en effet, sur ces rives, les premiers teinturiers de Rouen avaient établi leur savante industrie : Houdark, Firuet et Naistey, ouvriers dignes de nos respects, ont enlevé, grâce à tes eaux, Robec, grâce à tes eaux, aimable Aubette! un de leurs monopoles aux ruisseaux de la Flandre, aux filets d'eau de l'Angleterre. — Cent manufactures sont alimentées par ces deux sources, qui servaient jadis à l'ébattement des ducs de Normandie. Mais qui donc pouvait prévoir que ces deux rivières, faites pour les poëtes, pour les rêveurs, pour les saules où se cache Galatée, non pas sans s'être laissé entrevoir, seraient condamnées à ces rudes et pénibles travaux?

Tout de suite après, il faut traverser deux tunnels, l'un de quatre-vingts mètres seulement, l'autre (sous les boulevards Saint-Hilaire et Beauvoisine) de mille quatre cent soixante-douze mètres de longueur.

Station de la rue Verte (rive gauche).

STATION DE LA RIVE DROITE. — DEVILLE. — MAROMME. — MALAUNAY. MONVILLE. — CLÈRES. — SAINT-VICTOR. — AUFFAY. — LONGUEVILLE.

Cette station de la rue *Verte* contient la gare principale de la rive droite, sur le chemin de Paris au Havre ; elle est réservée aux voyageurs ; elle a quatre voies, et il était impossible de tirer un meilleur parti de cet emplacement creusé hardiment entre les deux tunnels ; on fait cependant à cette gare des reproches nombreux : elle est, dit-on, située trop loin de la ville ; elle manque d'espace ; elle rend presque inutiles ces beaux quais habités par le commerce. — Laissons faire l'habitude, et chaque chose aura bientôt recouvré son état normal ; une ville comme cette grande cité de Rouen ne peut pas être supprimée, même par le chemin de fer.

De la rue Verte nous passons, un peu lentement, sous le tunnel Cauchois (onze cent soixante-quatre mètres) qui roule sous les faubourgs de Bouvreuil et sous le cimetière Saint-Gervais, ce champ des morts étonnés de cette vie qui s'agite, et qui passe sous leurs tombes, comme si la ville n'était plus, là-haut, pour tout remplir de son activité, de son travail et de son bruit!

Le quatrième tunnel, ouvert à la suite de cette gare, a présenté de grands obstacles à ces travaux célèbres. Il fallait, avant tout, faire en sorte que cette partie de la ville qui doit reposer sur ces voûtes, fût solidement établie, et cependant il était défendu aux ingénieurs de creuser trop avant dans ce sol ainsi chargé, s'ils voulaient obéir au niveau du chemin. Ajoutez les mouvements, les inondations, les sources, les diverses couches de ce difficile terrain, et vous aurez à peine une juste idée de ces obstacles que l'on eût crus impossibles à surmonter, si le mot *impossible* n'avait pas été rayé, nous l'avons dit, de notre dictionnaire par les mains toutes-puissantes de l'empereur Napoléon.

Dans le trop court intervalle qui nous sépare encore du cinquième tunnel de trois cent cinquante-six mètres, longue suite de souterrains qui attriste quelque peu le départ, nous pouvons, en passant, jeter un coup d'œil sur le plus beau panorama du monde : au-dessous du feu qui nous emporte, se dessine, verdoyante et calme, la riche vallée de la Seine, pendant que les admirables coteaux de Canteleu semblent nous saluer du haut de leurs crêtes riantes et voisines du ciel. Dieu merci, nous avons bien vite franchi le fond de ces arcs et de ces abîmes qui nous séparent de la lumière du jour ; maintenant le soleil marche dans tout son triomphe, nous allons légèrement passer sur le flanc des coteaux de Deville, de Maromme et Bondeville : à chaque pas que nous faisons dans la vallée, la vallée change de nom, change d'aspect. On arrive ainsi à Malaunay.

Cette partie du chemin fait le plus grand honneur aux ingénieurs qui l'ont accompli : à M. Locke, l'ingénieur en chef, à M. Neumann, l'in-

génieur principal; l'un et l'autre ont surveillé le parcours, mais la
belle section de Rouen à Malaunay a été particulièrement dirigée par
MM. Cousin et Murton.

Déjà nous avons franchi *Bapeaume*, *Deville*, ces grandes manufactures; *Maromme*, cette réunion bruyante et active de filatures, de
fabriques, de travailleurs.

Trois kilomètres à peine séparent *Malaunay* de Maromme. Dans un
siècle, les voyageurs qui traverseront ces parages, se demanderont quels

Viaduc de Malaunay.

géants ont présidé à ces travaux? Jamais peut-être la double puissance
de l'art et de l'industrie ne s'était manifestée dans des proportions plus
grandioses. Vous qui traversez avec la vitesse d'une lieue en quelques
minutes, ces ponts et ces viaducs, à peine croyables, il est impossible
que vous ne rendiez pas toute justice à ces miracles. Oui, cette fois, le

sol est aplani, la montagne est abaissée, le vallon est comblé; la ligne droite, soumettant à sa règle de fer des sinuosités vagabondes, règne maîtresse souveraine, dans ce paysage rempli de variété et de puissance. Figurez-vous un pont de dix-sept mètres, un remblai de vingt-cinq mètres au-dessus du sol de la prairie, un viaduc (le viaduc de Malaunay) de huit arches de quinze mètres d'ouverture, sur une hauteur de vingt-cinq mètres.

Avant de quitter la commune de Malaunay, nous passons sous la route nationale de Rouen à Dieppe, au moyen d'un pont biais à soixante degrés; la route y est établie à six mètres au-dessus des rails.

On ne saurait parler avec trop d'admiration de ce viaduc de *Malaunay;* les jardins suspendus de la Babylone de Sémiramis n'avaient rien de plus merveilleux.

Que d'efforts! que de labeurs! quelle violence imposée au vallon, à la montagne, au ruisseau jaseur, à l'arbre séculaire; quels difficiles problèmes de l'art de bâtir!

A quatre-vingts mètres au delà du viaduc de Malaunay est posé l'embranchement de *Dieppe,* la ville des bains de mer, la ville des fêtes de l'été : vous quitterez ici même la route du Havre et bientôt vous rencontrez le pont de Notre-Dame-des-Champs; sur ce pont de Notre-Dame se franchit un contre-fort de la vallée de Cailly, par une tranchée de dix-sept mètres de profondeur sur cinq cents mètres de longueur. Le cube des déblais extraits de cette tranchée s'est élevé à plus de cent cinquante-six mille mètres cubes, rien que cela !

L'instant d'après nous arrivons à la station de *Monville;* le chemin que nous avons à parcourir suit le flanc du coteau du bois d'Eslettes, et le paysage est digne de toute l'attention du voyageur. La station de Monville est au bout de ce coteau; elle est construite exactement sur le passage de la trombe qui fit tant de ravages au mois d'août 1845.

Mais Dieu est grand et les hommes ont du courage. A peine ravagée par le feu et par les eaux du ciel, la douce vallée a recouvré sa grâce et sa forme primitive. A quoi bon vous rappeler ces désastres oubliés ? Le feu du ciel, l'ouragan, les maisons renversées, les jardins ravagés, les manufactures emportées dans cette ruine ; tant d'orphelins, tant de malheureux qui demandaient, en vain, celui-ci un père, celui-là un enfant ! La bienfaisance publique est venue, après le fléau, pour tout réparer, pour tout ranimer ; et comme les compagnies d'assurances hésitaient à remplir leurs engagements, la Cour royale de Rouen, présidée par son digne président en personne, M. Frankcarré, a décidé, par son arrêt solennel, que le feu était mêlé à cette trombe funeste. Aujourd'hui, grâce à tant de secours, la vallée, sauvée de l'abandon, et rendue au travail, à l'agriculture, au bonheur, est plus florissante que jamais.

En quittant Monville, nous entrons sur la commune d'*Anceaumeville ;* nous passons sur plusieurs ponts invisibles, mais une charmante petite passerelle ne peut se dérober à nos yeux ; c'est la passerelle des ouvriers si nombreux qui peuplent les usines de la vallée ; elle fut construite par la compagnie sur les instances de M. Duval, maire de cette commune.

De là jusqu'à Clères nous restons sur le flanc du coteau et nous traversons les bois de MM. de Villefranche et de Béarn ; à peine en ce moment si l'on vient à découvrir les deux ponts supérieurs, les quatre autres sont cachés par les remblais ; le plus considérable de ces ponts est celui de Tôt : il est construit par zones horizontales, et supporte un remblai de dix mètres de hauteur ; sa longueur est de trente-sept mètres.

Nous avons franchi la petite route de Pavilly sur un pont semblable au précédent, mais un peu moins long. En ce moment, nous suivons une tranchée de deux cent quatre-vingts mètres de longueur, et de quinze mètres de profondeur.

Bientôt nous voici à *Clères,* dont le vieux château-fort est à moitié ruiné ; on voit encore, dans une des chambres de ce dernier, un lit, où coucha Henri IV, quelques jours après la bataille d'Arques ; le château appartient à M. de Béarn.

La vallée de Clères est entièrement barrée par un remblai de cen
soixante-six mille sept cent quatre-vingt-douze mètres cubes, qui présente une hauteur de vingt-un mètres. Deux aqueducs elliptique
donnent passage aux torrents que les neiges de l'hiver jettent du hau
des sommets d'alentour.

Vers le milieu de ce remblai, à cent soixante mille huit cent dix mètre
de Paris, s'élève peu à peu une rampe de dix millimètres par mètre,
et de trois mille cinq cent trente-un mètres de longueur, qui arrive
jusqu'au plateau de Frithemesnil.

La tranchée de *Frithemesnil* est la plus considérable de toute la ligne,
elle a deux mille quatre cents mètres de longueur et dix-neuf mètres de
profondeur ; elle a produit un déblai de quatre cent soixante-deux mille
cent trente-neuf mètres cubes. Au point culminant de cette tranchée,
c'est-à-dire au bout de la rampe de dix millimètres, on rencontre une
voie de garage de quatre cents mètres de longueur ; le niveau des rails,
à ce point, est à cent quarante-huit mètres cinquante-quatre centimètres au-dessus du niveau moyen de la mer. Deux beaux ponts composés chacun de trois arches établissent une communication d'un côté
à l'autre de la tranchée. Le plus considérable de ces ponts a quarante-
quatre mètres de longueur et treize mètres de hauteur au-dessus du
niveau des rails.

A partir du deuxième pont nous descendons par une pente de six millimètres sur cinq mille deux cent dix-neuf mètres de longueur, jusqu'à
Saint-Victor. En quittant la grande tranchée de Frithemesnil, nous avons
laissé à notre droite le petit village d'Étaimpuis, et nous sommes entrés
dans la vallée de Chasse-Fêtu, puis dans le vallon de la Scie. Avant
d'arriver à Saint-Victor, franchissons un joli pont biais construit sous la
route départementale de Neufchatel à Yvetot. Ce pont fait un angle de
quarante degrés avec l'axe de la route ; sa hauteur au-dessus des rails
est de six mètres cinquante centimètres ; c'est sans contredit le plus
beau pont de la ligne.

La station de *Saint-Victor* se trouve à cent soixante-onze kilomètres
e Paris ; à droite, sur la hauteur, on aperçoit le bourg de ce nom, qui
t peu important. L'abbaye de Saint—Victor fut fondée par Guillaume
 Conquérant ; on remarque au bout de l'église, dans une niche exté-
eure, la statue de ce grand homme tenant en ses mains le globe
rrestre surmonté d'une croix.

Tout près de la station de Saint-Victor, à cent mètres sur la droite,
 rivière de la Scie prend sa source. Nous traverserons vingt-deux fois
tte rivière avant d'arriver à Dieppe.

Par exemple, à la station d'*Auffay*, située à quatre kilomètres seule-
ent de la précédente, nous avons déjà traversé la Scie quatre fois.
Nous avons laissé, marchant toujours, à notre droite le vieux
âteau de la Pierre ; à notre gauche, le moulin d'Arbalète, et tout
ès d'Auffay, à Saint-Denis, le château de M. de Quatrebarbes.

La station d'Auffay, à cent soixante-quinze kilomètres de Paris, est
e des plus importantes de la ligne ; le bourg lui-même est assez con—
lérable, et comprend de nombreux établissements industriels, fila-
res et tanneries. Or, il fallait nécessairement respecter ces grandes
ines, et c'est là d'assez grandes difficultés imposées aux ingénieurs.
 très-jolie maison construite sur le haut d'une terrasse conique, que
n aperçoit à la station, serait, selon la tradition, le piton même qui
rvait autrefois d'emplacement à un castel féodal ; le point de vue est
ès-beau ; l'église d'Auffay est fort jolie.

D'Auffay à Longueville, il y a tout au plus neuf kilomètres, le chemin
t presque continuellement en remblai d'environ un mètre cinquante
ntimètres de hauteur au-dessus du sol des prairies.

Nous entrons sur *Heugleville* ; l'avenue qui conduit au château de
 des Guérots fait l'admiration des voyageurs ; sur la gauche, on entre-
it le château de M. de Saint-Victor, masqué par une belle plantation
 sapins.

En traversant les vertes prairies de M. de Raimbouville et de

8

M. d'Ambray, nous arrivons à la station de Longueville, située à cent quatre-vingt-quatre kilomètres de Paris.

Admirons en passant les futaies du château de Montigny, et son étang circulaire qui fourmille de truites.

La station de *Longueville* est construite sur les terres d'une ancienne abbaye, dont le principal corps de bâtiment est maintenant converti en une filature appartenant à M. Lainé. De la station, on aperçoit sur la droite, à travers les rameaux de peupliers, les ruines du vieux château-fort de Longueville, où la sœur du grand Condé, digne de son frère, l'âme de héros dans le corps d'une belle femme, a laissé quelques-uns de ces grands souvenirs dont elle a été prodigue toute sa vie! A la seule vue de Longueville, toutes les imaginations se réveillent, tous les esprits s'agitent, on sent battre tous les cœurs. Quel malheur que ces vieilles merveilles aient subi l'entrave des démolisseurs! Quel dommage que ces tourelles habitées par l'esprit, l'élégance, le courage, la beauté, aient été démolies, et quelle perte pour le paysage d'alentour! La fronde tout entière était restée vivante sur ces remparts! Ces tours avaient porté la bannière du connétable Duguesclin leur ancien maître! Ces fossés comblés avaient protégé et défendu les Normands à la suite de Guillaume le *Bâtard*, comme il s'en vantait lui-même : *Ego Guillelmus cognomine Batardus !* O château de Longueville ! à peine s'il en reste assez pour que l'on sache qu'il s'élevait jadis sous ce lieu du ciel!

Allons, nous approchons de Dieppe : il n'y a plus que seize kilomètres à parcourir; nous traversons *Denestanville, Crosville, Anneville ;* nous passons sur les ruines du château de *Charlemesnil;* vient ensuite *Sauqueville,* où nous rencontrons pour la seconde fois la route nationale de Rouen à Dieppe ; ici nous la passons à niveau ; plus loin nous traversons le cimetière de Sauqueville, et en face sur la droite, nous apercevons la jolie tisserie de M. Larible ; nous arrivons à *Saint-Aubin.*

Un peu avant, sur la gauche, naît la source abondante qui alimente les fontaines publiques de la ville de Dieppe ; son nom est le Gouffre, et la rivière qu'elle vomit, fait tourner un moulin à cinq cents mètres de sa naissance.

Depuis Saint-Victor, nous avons parcouru la ligne sur un remblai très-peu élevé; mais, à partir de la route départementale de Saint-Aubin, que nous passons à niveau, le remblai va en s'élevant insensiblement jusqu'à la hauteur de six mètres; il atteint cette hauteur au petit Appeville, à l'endroit où nous franchissons le dernier pont sur la Scie.

Nous laissons derrière nous et à regret cette charmante vallée de la Scie; nous passons sur un dernier pont, semblable à ceux de la tranchée d'Étaimpuis, et sous le magnifique tunnel d'Appeville, dont la longueur est de mille six cent quarante-trois mètres. Le contre-fort qu'il traverse à son faîte, est situé à soixante-seize mètres au-dessus du niveau des rails. Il a fallu ouvrir six puits pour arriver au percement du tunnel, trois ont été conservés pour la ventilation; ils sont entourés de murs et couronnés d'un grillage [1].

Au sortir du tunnel et au niveau de la route d'Arques, nous apercevons enfin la ville de Dieppe, et bientôt nous entrons dans la gare, dont le comble est rendu remarquable par l'élégance de sa charpente.

Ici le voyage s'arrête; nous avons rencontré quatre-vingt-quatre aqueducs, quinze viaducs en briques établis sous rails, dix-huit au dessus, deux passerelles et vingt-deux ponts sur la Scie, dont deux en briques, trois grandes tranchées et un tunnel.

Nous avons vu douze déviations de cette rivière, qui longent le chemin de fer sur une longueur totale de quatre mille trois cents mètres. Enfin nous avons traversé vingt-sept passages à niveau, parcouru quarante-quatre courbes et vingt-quatre alignements droits.

[1] Nous devons ces précieux renseignements au savant ingénieur en chef du chemin de fer de Paris au Havre et de Dieppe, M. Thayot, bien digne lui-même d'apprécier ces immenses travaux. M. Thayot a créé le magnifique viaduc de Beaugency, sur la ligne de Bordeaux.

PLAN DE LA VILLE DE DIEPPE

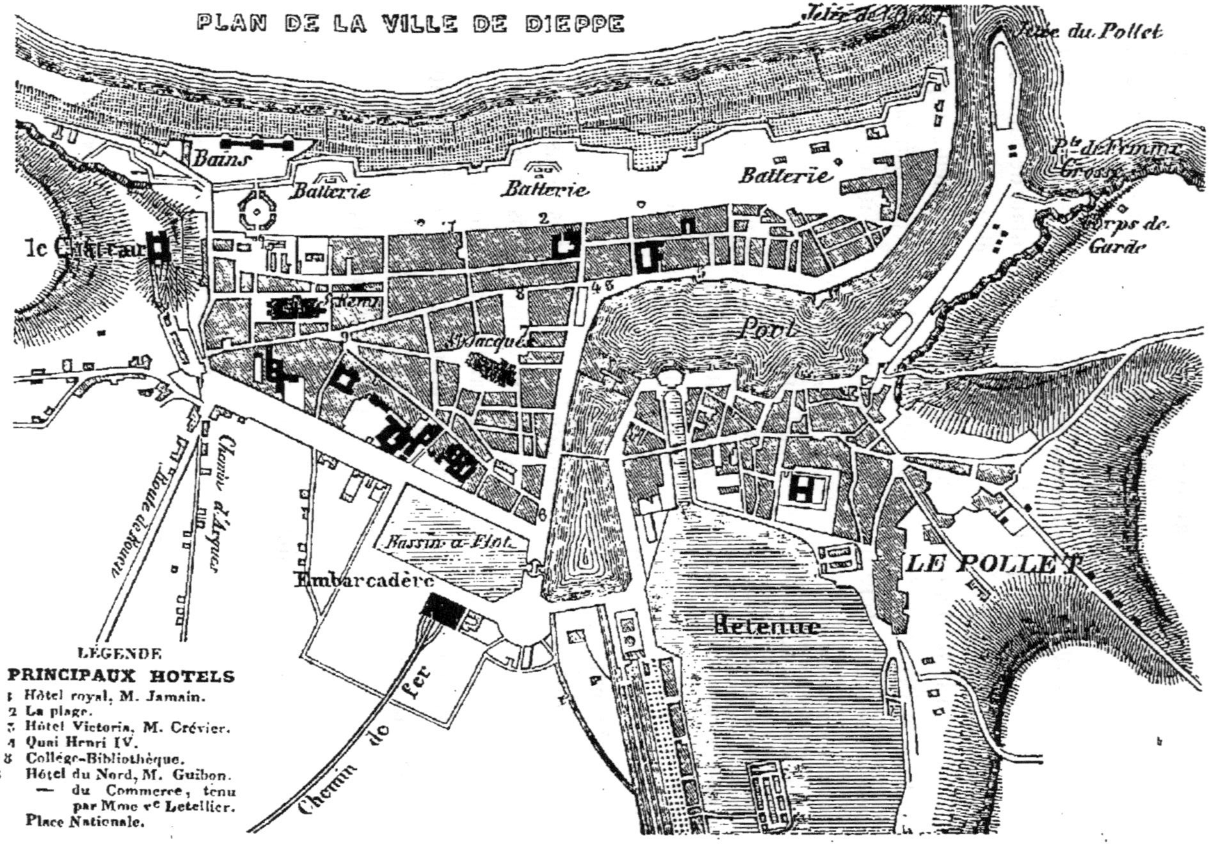

LE POLLET

Retenue

Château

Bains

Batterie

Batterie

Batterie

Plage

Pt. de l'Avant-port

Corps de Garde

Chemin de fer

Embarcadère

Bassin à Flot

Chemin d'Arques

Route de Rouen

le Château

LÉGENDE

PRINCIPAUX HOTELS

1. Hôtel royal, M. Jamain.
2. La plage.
3. Hôtel Victoria, M. Crévier.
4. Quai Henri IV.
5. Collége-Bibliothèque.
6. Hôtel du Nord, M. Guihon.
   — du Commerce, tenu
   par Mme et Letellier.
   Place Nationale.

Embarcadère de Dieppe.

DIEPPE.

Son origine. — Son histoire. — Aspect de la ville. — Ses monuments. — Son industrie. — Son commerce. — Le Pollet. — Varangeville, manoir d'Ango. — Le château d'Arques.

Digne cité normande et française, la ville de Dieppe est tout à fait digne de votre attention, de vos sympathies, de vos études. Elle a été cruellement éprouvée par les guerres civiles, par les guerres religieuses, par les tempêtes de l'Océan, mais Dieu soit loué, tout n'a pas péri dans la colère du ciel; de précieux et nobles monuments s'élèvent encore du milieu de ces maisons modernes; et ces maisons même, vieilles déjà de plus de cent années, ont perdu cette uniformité symétrique qui jette tant de froideur et d'ennui dans les cités bâties d'un seul jet.

8.

HISTOIRE DE DIEPPE.

Dieppe est une des villes les plus intéressantes de la Normandie; son origine est fière et antique : les Romains et les Belges ont occupé ces rivages, les barbares sont venus ensuite, qui ont brisé tout ce qui restait de l'occupation gallo-romaine. Jusqu'au XIe siècle, nous marchons dans les ténèbres de cette histoire, et cette lacune de cinq ou six cents ans, il est impossible de la combler. — Toutefois la rivière qui coule à Dieppe, et qui s'appelle aujourd'hui la *Béthune*, avait le nom la *Dieppe*, et elle avait donné son nom à la ville naissante. Dudon de Saint-Quentin raconte que, en l'année 960, le roi Lothaire donna rendez-vous au duc de Normandie, Richard Ier, dans une vaste prairie, au confluent de l'Aulne et de la Dieppe; donc la ville de Dieppe n'était pas encore bâtie. Un demi-siècle plus tard, quand Guillaume *le Conquérant*, traversa l'Océan pour accomplir sa glorieuse tentative, le duc Guillaume, la sixième nuit de décembre 1067, se porte à l'embouchure de la Dieppe, *au delà de la ville d'Arques*, ainsi parle Orderic Vital.... de la ville de Dieppe, pas un mot. A peine s'il y avait en ce lieu, qui attendait une ville, un port, une relâche pour les navires; seul le port de la ville d'Arques s'ouvrait en ce lieu, et ce beau rivage de la fête et des plaisirs, et du beau monde parisien dans les chaudes journées de l'été, était à peine semé de quelques cabanes de pêcheurs. Plus tard, quand l'Angleterre fut devenue, pour ainsi dire, le complément de la Normandie, quand l'Océan ne fut plus qu'un passage du royaume au duché, alors vraiment on vit s'élever la ville de Dieppe. Les Normands arrivaient de Rouen, leur capitale, pour s'embarquer dans ce port, si voisin de leurs murailles. A peine Dieppe était bâtie, arrive Philippe-Auguste, le digne rival de Richard *Cœur-de-Lion*, et le roi de France anéantit la ville de son rival. — La ville infortunée fut longtemps à se remettre de ces misères. Il faut attendre le règne de Philippe de Valois pour retrouver un peu de vie et d'existence sur ces rivages. Alors le roi de France s'avisa que ses fidèles sujets de Dieppe lui fournissaient de bons marins et qu'il leur devait aide et protection. En effet, la flotte française qui, en 1339, fit le siège de Southampton, était composée en grande partie de navires normands, et les vaisseaux dieppois furent signalés comme les mieux construits et les plus agiles. — En 1345, Dieppe relève ses remparts, et Charles *le Sage* encourage ces pêcheurs qui veulent tenter les grandes aventures de la mer. — Bientôt la navigation, le commerce, le port, l'église de Saint-Jacques, le fanal, l'hôtel de ville, eurent fait de la cité naissante une grande cité. Ce qui prouva qu'en effet elle était ville de guerre, c'est qu'au mois de juin 1412, la flotte anglaise vint s'embosser devant la ville, et que la ville résista à cette redoutable invasion. Mais, hélas! six ans plus tard, toute résistance était impossible, la fleur de la noblesse française avait été brisée à trente lieues de Dieppe, à deux pas de ce triste village d'Azincourt; Harfleur était pris, Rouen allait ouvrir ses portes, Dieppe aux abois se rendit. Au mois de février 1421, tout était perdu pour la France, sans le secours miraculeux de Jeanne d'Arc, et pendant que la vierge faisait sacrer à Reims le roi de France, la Normandie courbait la tête sous le joug des Anglais. L'indignation servit enfin de signal à la révolte. Dieppe devint le rendez-vous de tous les insurgés du pays de Caux. Bientôt cette armée d'insurgés eut repris Fécamp, Harfleur, Montivilliers, Tancarville, toutes les places fortes du pays, moins les châteaux d'Arques et de Caudebec. — En ce temps-là, le capitaine de la ville et du port de Dieppe s'appelait Charles Desmarets; et comme les Anglais ne pouvaient guère renoncer à cette place importante, le brave Desmarets apporta tout son courage et tout son zèle à la défense qui lui était confiée. On creuse des fossés, on élève des remparts, on bâtit ce château formidable qui est encore debout aujourd'hui, sur les ruines même de l'ancien château anglo-normand qu'avait détruit le roi Philippe-Auguste. Enfin, après neuf ans de menaces impuissantes, le lord Talbot arrivait avec une armée; il était parti de Caudebec, marchant à travers le pays de

Caux. L'attaque commença dans la vallée de la Scie; arrivé sur la falaise adossée au Pollet, le capitaine Anglais fit construire une tour en bois qu'il appela *la Bastille*. Cette tour fut armée de canons, de mousquets, de palissades et autres engins de guerre. Bientôt le feu commença mais sans entamer la ville. C'est le beau moment de ce terrible dauphin de France qui s'appellera bientôt le roi Louis XI. A la nouvelle de Dieppe menacée, le dauphin accourt, amenant une armée dans les murs assiégés. Lieutenant général du roi de tout le pays entre Seine et Somme, le dauphin avait pour compagnons le comte de Dunois, le comte de Saint-Pol, les sires de Graincourt et de Châtillon, la fleur de l'armée française. Ils étaient trois mille environ, ils firent leur entrée triomphante dans cette ville animée à bien faire. Au reste, il était temps que Dieppe fût secourue, car le lord Sommerset arrivait à toutes voiles. A l'instant même, le dauphin prend sa résolution en brave homme, et lorsque la marée du soir s'est retirée, Louis traverse la rivière et vient assiéger les assiégeants dans leur bastille; en même temps il fait jeter des ponts sur les fossés de cette citadelle. L'attaque fut vive, la défense fut terrible; à l'abri de leurs murailles de bois, les Anglais écrasent les assiégeants.

Tout était perdu sans le courage et l'intrépidité du dauphin : A moi ! à moi ! s'écrie-t-il, et le voilà qui grimpe à l'échelle, ouvrant la route aux plus hardis. On le voit, on l'admire, on le suit, les voilà tous dans la forteresse de Talbot, cinq cents Anglais sont égorgés, le reste jette ses armes. Talbot cependant faisait force de voiles, il était sur le navire de Sommerset. Ainsi le dauphin partagea la gloire de cette vaillante cité. Dieu soit loué, enfin ! voilà depuis trente ans de défaites et de misères, notre première victoire ! La France va renaître, la ville de Dieppe est déjà ressuscitée. Grâce au siége de 1445, le commerce, les navigations lointaines, les découvertes, toutes les gloires et toutes les prospérités de la ville recommencent.

L'année 1555 ne fut guère moins glorieuse; mais cette fois il s'agissait

de courir sus aux Flamands qui avaient insulté le pavillon de la France.
— Sire, dit l'amiral de Coligny au roi Henri II, il n'y a que les bourgeois et les Normands de votre bonne ville de Dieppe qui puissent châ-
tier les Pays-Bas ! — A ces mots de l'amiral, les gens de Dieppe répon-
dent qu'ils sont prêts à partir, et en effet les voilà qui s'en vont, montés
sur dix-neuf barques marchandes, attendre au milieu de la Manche, en
vue de Douvres et de Boulogne, les navires de la Flandre. — Ils n'at-
tendirent pas plus de trois jours, et le 11 août, vingt-quatre nefs, sous
pavillon de Flandre, de quatre ou cinq cents tonneaux, se présentèrent
dans ces eaux dangereuses. Ces grands navires venaient d'Espagne, tout
chargés d'épices et de marchandises précieuses. Le vent était favorable,
à peine si les Flamands daignèrent s'inquiéter de ces barques à fleur
d'eau, qu'ils devaient écraser en passant... Cette confiance fut leur
perte. Les coques de noix étaient au milieu de la flotte flamande, avant
que les Flamands eussent songé à se défendre. Tout de suite l'abordage
commence. Des deux parts on se battit avec rage, et la victoire restait
indécise, lorsque soudain l'incendie se met de la partie. Vous jugez
quelle épouvante ! quel pêle-mêle horrible ! trois barques dieppoises
furent écrasées contre ces navires, les autres barques furent prompte-
ment dégagées. Du côté de la Flandre tout fut perdu, le feu et la mer
vinrent à bout des plus gros navires, et le reste de cette flotte brisée fut
traîné à la remorque par les Dieppois triomphants. *Vivat !* la ville est
toute en fête, les cloches sonnent, les remparts saluent les vainqueurs ;
à peine prit-on le temps de pleurer le vaillant capitaine de cette flot-
tille, Léon de Bures sieur d'Epineville, mort d'un coup de feu.

L'histoire des guerres religieuses de la France n'est pas moins cruelle
que l'histoire de ces guerres de nation à nation. La réforme fut longue
à pénétrer dans la province de Normandie, mais elle y fit des progrès
rapides, en dépit de l'orthodoxie du parlement de la Province. En 1557,
se montrent, pour la première fois, en pleine cité de Dieppe, les psaumes de Clément Marot avec les bibles luthériennes, et déjà, grâce à

Calvin, qui, de Genève, surveillait d'un regard attentif le progrès de ces nouveautés, dont il était l'héritier, le cardinal de Bourbon, archevêque de Rouen, est chassé de Dieppe révoltée, malgré l'éclat de son titre et de son nom. Désormais toute boutique fut ouverte les jours de fête, l'observance du vendredi fut abolie, et enfin pour comble de triomphe les protestants de Dieppe reçoivent la visite de l'amiral de Coligny, illustre et vénéré entre tous les protestants de l'Europe.

Trois années avaient suffi pour accomplir cette révolution religieuse. Par l'édit de 1562, signé du chancelier de l'Hospital, la religion réformée était enfin reconnue, mais cet édit de liberté souleva les haines des catholiques ; dans toutes les parties du royaume, les Guise soufflaient le feu de la révolte et même un jour, comme le duc François de Guise passait à Vassy, petite ville de la Champagne, ses gens entrèrent dans un prêche, et égorgèrent sans pitié deux ou trois cents chanteurs de psaumes ! Ce massacre de Vassy fut comme un signal général de toutes sortes de résistances. Rouen et Dieppe, et toute la Normandie protestante, demandent vengeance ; chaque bourgeois devient le soldat de la bonne cause. L'argent ne manque pas plus que le courage. A l'instant même, le culte catholique est aboli dans toute la ville de Dieppe ; les protestants s'emparent de Saint-Jacques, et cette antique église, un des ornements de la Normandie chrétienne, fut indignement mutilée. Tout est brisé, tout est fondu. Les protestants ne respectent que les murailles, les murailles suffisent à leur culte. Cette guerre de religion devint bientôt un brigandage ; toutes les églises d'alentour furent dépouillées de leurs richesses ; plus d'une fois le prêtre fut pendu à la porte de son presbytère incendié. A la fin, le duc d'Aumale s'interposa dans ces fureurs. Il venait de balayer la Picardie ; parti d'Abbeville, il avait côtoyé la mer jusqu'à Dieppe, chassant devant lui les protestants épouvantés. La prise de Rouen, et le pillage sanglant qui dura huit jours, entraînèrent la prise de Dieppe : à peine si les Anglais eurent le temps de s'enfuir, emmenant avec eux les protestants les plus compromis.

Car, désormais, le roi ne voulait plus dans son royaume *d'autre reli-gion que la romaine :* c'était surtout la volonté du duc de Guise.

La soumission de Dieppe causa aux protestants autant de douleur que, bien plus tard, la prise de La Rochelle. Dieppe était pour eux la ville sainte, la cité de Dieu, la nouvelle Jérusalem, et quand le conné-table de Montmorency eut repris le Havre aux Anglais, il n'y eut plus guère d'espoir pour la liberté religieuse. Les protestants de Dieppe fu-rent soumis aux plus injustes persécutions; plus de prêche, plus de prière en commun. Quiconque, protesteur, n'était pas né dans la ville fut obligé d'en sortir; ordre à tout homme qui avait charge, d'aller à la messe ou de renoncer à sa charge; les enfants des protestants sont en-levés à leur famille, et baptisés par le prêtre catholique; l'impôt, la confiscation, la prison, la flagellation publique, la torture, la potence, se mirent de cette sanglante et sévère partie. Cela dura ainsi jusqu'au dernier jour, jusqu'à l'horrible journée de la Saint-Barthélemi. Alors il se trouva que l'impitoyable gouverneur qui avait pressuré et torturé cette cité malheureuse, M. de Sigogne, refusa d'exécuter les ordres de la cour; ainsi il mérita d'être placé dans l'estime publique, à côté des Matignon et des d'Orthez.— Sire, j'ai trouvé des soldats, et non pas des assassins.

A peine Henri III eut-il succombé sous le poignard, que le Béarnais quittait Saint-Cloud et se portait sur la Normandie avec son armée. A Darnetal, sous les murs de Rouen, Henri IV attendait les secours que lui avait promis l'Angleterre. Cependant le duc de Mayenne arrivait en toute hâte; il menait avec lui vingt-cinq mille fantassins et huit mille che-vaux, et cette armée formidable, Henri IV va l'attendre dans les plaines d'Arques. Dans cette plaine vint se briser, contre une compagnie de de soldats, toute l'armée du duc de Mayenne.

Un mot pour achever l'histoire de Dieppe. C'était au mois de juillet 1694, après tant de fortunes si diverses, Henri IV, Louis XIII, Riche-lieu, la révocation de l'édit de Nantes. En 1694, l'alarme était grande dans tous les ports de la Manche. La France était en guerre avec l'Angleterre et la Hollande; Duquesne, illustre et glorieux enfant de notre ville de Dieppe, venait de mourir ; en vain l'amiral Tourville avait dispersé devant la Hogue, en basse Normandie, la flotte anglo-hollandaise, cette victoire nous avait coûté quinze beaux vaisseaux forcés de s'échouer en vue de Cherbourg, l'ennemi restant maître de la mer. Voici que paraissent dans nos eaux les deux flottes combinées. L'armée ennemie était portée sur dix gros navires entourés de galiotes à bombardes ; soudain les bombes furont lancées avec une incroyable furie, la ville fut en feu en un clin d'œil ; puis on vit les voiles anglo-hollandaises s'enfuir tout au loin à la clarté de cet immense incendie, qui brûlait encore sous la cendre de la malheureuse cité, deux mois après le bombardement. Dans ces décombres l'ancienne cité a laissé sa fortune, son commerce florissant, ses tentatives hardies, son importance, ses travaux ; et Dieppe n'avait jamais connu une plus mauvaise fortune ; désormais l'ancienne métropole du commerce français, cette tête de pont de la France, vis-à-vis de l'Angleterre, ne fut plus qu'une ville de bains et de pêcheurs.

Paquebots à vapeur de Dieppe à Brigton.

Vue du quai Henri IV et de l'hôtel Victoria.

ASPECT DE LA VILLE DE DIEPPE. — SES MONUMENTS.

Lorsque vous entrez à Dieppe, vous êtes frappé avant tout de l'aspect grave, sérieux, presque solennel, de la ville et de ses abords. Une forteresse hardiment plantée sur le penchant de la falaise, de hautes murailles de briques, de grosses tours de pierres aux toits aigus, groupées en étages et comme suspendues à des gazons escarpés, annoncent une ancienne place forte. Peu de villes s'annoncent avec ce caractère de noblesse et de grandeur. Vue de loin, soit du haut du mont de Caux, soit de la hauteur de Neuville, sur la route de Picardie, elle conserve l'empreinte de ses anciennes destinées ; on voit que la grande histoire a passé par là.

Ce château même après tant d'années, a conservé son apparence

9

politique et féodale; ces vieilles tours se dessinent comme autrefois sur l'Océan paisible; comme autrefois le pont-levis réunit ses longues arcades à la blanche falaise, pendant qu'au milieu de la ville s'élève la tour carrée de Saint-Jacques, non loin du dôme et des clochetons de Saint-Remy.

Vue générale de Dieppe (prise du Pollet).

Ce grave aspect de l'ancienne cité est un de ces caractères les plus distinctifs; on y sent le moyen âge, dans les monuments passés, dans les ruines présentes; on le reconnaît à ses habitudes, à ses instincts, à ses rudes beautés, à ses belles élégances.

En un mot, Dieppe est tout à fait une cité ancienne, ancienne à ce point que tout ce qu'elle a fait pour ressembler à une ville moderne a été fait en pure perte! Pareille en ceci à ces nobles dames qui s'amusent parfois à prendre les parures de leurs petites filles, et que l'on reconnait à merveille sous leurs jeunes atours.

Mais ce qui n'a jamais été vieux à Dieppe, ce qui restera éternellement jeune, comme la nature, comme le soleil, c'est l'aspect vivant du paysage, c'est, par exemple, ce magnifique panorama de la falaise du Pollet.

Quand nous disons : Dieppe est une cité gothique, est-ce à dire que nous lui en faisons un reproche? au contraire! Ceci est une heureuse distinction, et cela nous charme de voir conservée sur les bords du vieil Océan, cette fidèle compagne de sa fortune. Ces rivages battus des vents et des tempêtes avaient besoin, en effet, de monuments sérieux, et quelle église plus digne de son antique origine que cette église consacrée à *saint Jacques*, une des belles œuvres de ce flamboyant XIVe siècle, l'honneur de la pensée et du génie chrétien?

L'art chrétien respire encore sur ces pierres hardiment et fortement taillées! La traces des persécutions et des résistances se montre encore sous ces voûtes altières qui ont vu s'incliner tant de guerriers emportés par la mort. En vain, les Anglais et les Flamands, sous le roi Philippe de Valois, en vain plus tard les soldats de Calvin et les satellites de Luther ont porté le fer et la flamme dans notre église de Saint-Jacques, l'église a résisté aux torches flamandes, l'église a résisté aux fureurs des calvinistes, l'église a triomphé de toutes ces violences aveugles ; le patron des pêcheurs, saint Jacques, est resté debout sur son antique piédestal.

La tour de Saint-Jacques est une des plus riches constructions de la ville de Dieppe ; les sculptures de l'intérieur méritent toute l'attention patiente de l'antiquaire. Ce ne sont que chimères, dragons, couleuvres, fantaisies sans nom, caprices sans fin, rêveries des sculpteurs, improvisation du tailleur de pierres, mélange curieux du sacré et du profane, le cantique à la sainte Vierge, suivent de bien près la satire ou l'épigramme. Les deux portails annoncent dignement un grand et saint édifice ; un de ces portails s'appelle la *porte du Rosaire*, l'autre la *porte Sainte-Catherine*. Là aussi, sur cette pierre mutilée par les

Église Saint-Jacques (vue de la place Nationale).

siècles en fureur et par les hommes en démence, vous retrouvez la suite impie des bombardements et des émeutes. Le soldat étranger et le révolté de l'intérieur ont travaillé d'une ardeur égale à ces ruines, dans lesquelles il faut chercher les monuments qui ne sont plus. Heureusement encore que la nature, bonne mère, arrive toujours pour réparer de son mieux les crimes et les violences de ses enfants! Elle entoure de verdure les colonnades brisées, elle recouvre de pampre et de lierre les restes de l'incendie ; elle a placé au devant de ce portail à demi ruiné, ce beau quinconce de vieux arbres, et l'on dirait que cet édifice gagne en grâce et en charme ce qu'il a perdu en splendeur et en majesté.

La largeur du corps de l'église n'est guère moindre de soixante et dix pieds; le chœur se compose de trois arcades d'une élégance entière; les voûtes écrasées par les obus ont été deux fois réparées.

On compte autour de la nef et du chœur dix-neuf chapelles, aujourd'hui inutiles, consacrées jadis à autant de saints et à autant de confréries : saint Côme, le patron des maîtres chirurgiens, saint Paul, le patron des drapiers, et, enfin, toute la hiérarchie céleste : saint Crépin, sainte Luce, saint Vincent, saint Étienne, saint Éloi, saint Louis, le patron des tonneliers, des tonneliers normands. Par quelle suite de déférences et d'adorations le roi saint Louis était-il parvenu à cet honneur inattendu? la chronique est muette, la légende se tait, l'histoire n'en sait rien.

Les saints qui n'avaient pas une chapelle réservée dans l'église de Saint-Jacques, avaient au moins un autel; sainte Madeleine, saint Joseph, Notre-Dame des sept douleurs, saint Léonard, patron des merci saint Yves, patron des avocats:

Sanctus Yves erat benito,
advocatus et non latro
res mirande populo :

ce qui veut dire : Saint Yves était, de son état, honnête homme et même avocat; il naquit, chose étonnante, dans la Bretagne bretonnante.

Tel était le cantique, et ce cantique chatouillait agréablement même les oreilles des avocats normands.

Entre toutes ces chapelles, s'élevait brillante de toutes ces splendeurs de l'admiration et de la reconnaissance de ce peuple de matelots, la chapelle de la Vierge, écrasée dans ce fatal bombardement.

Après l'église de Saint-Jacques, il faut se rendre à l'église de *Saint-*

Remy. Saint-Remy est encore une de ces ruines illustres qui méritent tout l'intérêt du voyageur, toutes les sympathies de l'antiquaire. L'église fut bâtie à une heure propice dans l'ère chrétienne. En 1522 fut posée la première pierre, en 1545 l'œuvre était achevée, et sur ces pierres nouvellement taillées le XVIᵉ siècle se faisait sentir.

À Saint-Remy, tout comme à Saint-Jacques, l'histoire de Dieppe se retrouverait au besoin, l'histoire *des Français des divers États*, pour parler comme a parlé le vénérable M. Monteil. Cherchez donc, et vous trouverez sur ces murailles savantes, l'emblème des diverses professions qui venaient, en ce lieu, demander au Dieu de l'Évangile la paix de l'âme et le pardon du Ciel. Le charron et le serrurier, le matelot et le soldat, le musicien et le médecin, le tailleur d'habits et le sculpteur sur l'ivoire, tenaient à honneur de se rappeler aux prières du bon saint Remy !

Les tours, les piliers de la nef, le portail qui regarde la mer, le grand portail, la chapelle de la Vierge, le chœur, les tombeaux brisés, et même le petit bénitier de Saint-Remy, placé à l'entrée de l'église, sous la tour du Midi, ont occupé et occuperont encore longtemps la curiosité des connaisseurs.

Quant au château, *le château de Dieppe* vu de loin ressemble à ces gloires bruyantes qu'il ne faut pas approcher de trop près ; de loin vous saluez un château politique ; de près, vous avez sous les yeux une caserne ! Charlemagne et les douze pairs sont représentés par un tambour-major orné de ses fifres et de ses tambours.

On dit cependant que la tour qui fait face à l'Océan a servi d'asile à Henri IV, à cette belle et fière princesse de Longueville, la Diane de la fronde, à ce fin politique, le cardinal de Mazarin. Oui, et même on vous peut montrer la fenêtre par laquelle descendit la fille du grand Condé, avant que la place se rendît aux troupes royales. Ce qui est vrai, c'est que le château de Dieppe est merveilleusement situé pour dominer la rade, le vallon, l'Océan, et que, de ces hauteurs, vous assistez à un des plus beaux spectacles de la Normandie pittoresque. Or,

voilà des beautés contre lesquelles le temps est impuissant, et aussi la
la guerre ! Ces monuments disparaissent, pas une goutte d'eau ne s'en

Château de Dieppe.

va de l'Océan ! pas un grain de sable du rivage, pas un brin d'herbe
de la prairie, pas une étoile ne tombe du ciel. Où est la maison d'Ango
à cette heure ? A peine si l'on reconnaît la place de ce chef-d'œuvre !
Qu'a-t-on fait de la chapelle de Notre-Dame-des-Grèves ? On vous montre des fragments sans nom ! Rien ne résiste aux siècles qui passent ;
heureusement que le soleil reste là-haut, et la mer ici-bas !

Un des bienfaits de cet admirable chemin de fer, c'est d'avoir réuni
Dieppe et Paris, de telle sorte que maintenant l'Océan est à nos portes,
et avec l'Océan, les fêtes heureuses de l'été, ces plaisirs de la belle saison, *les bains de mer*, la plus admirable et la plus charmante des or-

donnances que puisse dicter un médecin à son malade. Allez à Dieppe, mesdames dont les nerfs fatigués par les plaisirs de l'hiver réclament le repos et le grand air. Allez à Dieppe, jeune homme épuisé à dix-sept ans par l'exercice précoce des passions. Allez à Dieppe, ô savant que la science a brisé! ô poëte que la poésie a rempli de toutes les fièvres de la gloire! Allez à Dieppe, ambitieux que l'ambition a laissés en chemin! O riches! allez à Dieppe pour oublier la fortune. Allez à Dieppe, pauvres

Vue des bains de Dieppe.

gens, pour oublier les heures difficiles ! Ainsi parlent les grands médecins et les grands philosophes. Et cette ordonnance émanée de Paris, est soudain écoutée d'un bout de la France à l'autre ; plus loin même: elle franchit la Manche. La chambre et bientôt tous les hommes blasés et toutes les femmes nerveuses de l'Angleterre viennent demander à Dieppe la faveur de ses belles eaux, de son beau ciel, de son flot argenté, de ses vallées verdoyantes, de ses ruines pittoresques. — Dieppe, l'été ! c'est le paradis ici-bas, disait Madame la duchesse de Berry.

Il faut, en effet, pour être reconnaissant et juste, que Dieppe se rappelle en ses annales le long séjour de Madame la duchesse de Berry, ses premiers voyages, cette cour qu'elle menait à sa suite, ces artistes heureux de lui plaire, ces grands seigneurs fiers de lui servir de cortége. A Madame la duchesse de Berry commence véritablement la popularité de la ville de Dieppe; elle a amené la première en ces lieux cette mode de spectacles, de bals, de concerts, de cavalcades, qui donne à la cité normande un si grand air de fête, de luxe et de plaisir ; pour elle, cette admirable jetée sur l'Océan a fait d'un rivage couvert de galets un salon de conversation et un lieu de plaisance. Bientôt la réunion des baigneurs a enrichi un grand nombre d'industries locales, et surtout cette admirable sculpture en ivoire dans laquelle excellent les artistes dieppois. C'est l'usage parmi les riches voyageurs à Dieppe de rapporter, comme souvenir de leur voyage, non-seulement un morceau d'ivoire sculpté, mais encore une statuette, un groupe, une scène rustique en terre cuite de M. Graillon, dont la main habile sait donner à la terre de ces rivages les formes les plus vraies et les plus charmantes. Graillon est le Clodion de Dieppe, et ses terres cuites annoncent en effet un grand artiste qui était digne d'atteindre à toutes les gloires du plus sérieux et du plus difficile des beaux-arts.

Aujourd'hui enfin, ce chemin de fer est devenu l'œuvre de la richesse royale, ces rivages animés de toutes les joies de l'été se sont couverts des plus splendides maisons ; l'hôtellerie est devenue un petit Versailles, le parc aux huîtres un Eldorado, le Pollet même, la patrie du matelot normand, le Pollet, ce faubourg maritime, est devenu un faubourg de Paris !

Tout homme bien élevé sait Dieppe comme il sait la Chaussée-d'Antin, il connaît le Pollet comme le jardin des Tuileries, il irait à Varangeville, comme il irait à Passy, les yeux fermés. Si on demande au voyageur où est la maison d'Ango, il aura plus tôt trouvé la maison d'Ango que les portes de Dieppe, sous les grands arbres qui la cachent, qu'il n'aura trouvé la maison de François Ier dans les Champs-Élysées. Tel autre, qui balbutiera à peine l'histoire du vaincu de Pavie, vous dira par cœur la biographie d'Ango, le marchand. Ce grand homme d'affaires, le digne aïeul des plus grandes intelligences financières, avait envoyé sur les bords du Tage une flotte armée à ses frais.

Lisbonne trembla à la vue des navires partis de Dieppe; et comme le Portugal envoya ses ambassadeurs au roi François Ier : — « Messieurs, « dit le roi, ce n'est pas moi qui vous fais la guerre, c'est Ango le mar- « chand; faites votre paix avec lui ! »

Mais voilà toujours la même histoire! Le manoir d'Ango, ce marchand qui a joué dans le seizième siècle un rôle égal à celui des princes, n'est plus aujourd'hui qu'une ferme; la cour d'honneur est devenue une basse-cour; l'élégant escalier est remplacé par une échelle; la grande salle du manoir de Varangeville, c'est une grange.

La ravissante vallée que cette *vallée d'Arques!* Quel bonheur de naviguer entre ces riches herbages! Comme peu à peu l'horizon s'agrandit! Comme l'espace vous enveloppe de ses nuages bienveillants! Dans ces plaines, s'il y a des ruines, il y a quelque chose aussi qui vaut mieux et qui ne tombe pas sous le souffle des temps, il y a des souvenirs; il y a le panache blanc du grand Henri qui flotte encore au-dessus de ses murailles renversées. Cette vallée d'Arques est un des plus beaux lieux du monde. Le château, ou plutôt ce qui fut le château, domine toute la vallée, — et aussi loin que peut aller ton regard, jette-le hardiment, mon frère! Tout au rebours de cette informe citadelle, l'église d'Arques est un monument qui s'est bien défendu contre les injures du temps et des révolutions.

Ici s'arrête ce petit livre; si cependant vous voulez que notre tâche soit complète et que pas une fête ne manque au *Voyage de Dieppe*, n'oubliez pas que le *château d'Eu*, cet entassement d'histoires, de passions, de chefs-d'œuvre, de triomphes, de prospérités sans exemple et d'infortunes à peine croyables; ce souvenir toujours nouveau des ducs de Guyse, de la fronde, de Mademoiselle, de Louis XV et du roi Louis-Philippe, ce palais, ces jardins, ce musée, réclament, sur le bord de l'Océan, vos sympathies et vos respects.

PRINCIPAUX HOTELS DE DIEPPE.

GRAND HÔTEL VICTORIA, *ancien grand Hôtel du Roi d'Angleterre*, quai Henri IV, nos 9, 11, 13 et 15, en face les paquebots d'Angleterre et près de la Douane, tenu par M. CRÉVIER (table d'hôte à 5 heures, restaurant à la carte).

GRAND HÔTEL ROYAL, sur la plage, en face de la Mer et des Bains, tenu par M. JAMAIN (table d'hôte à 5 heures et 1/2, et restaurant à la carte).

HÔTEL DU COMMERCE, tenu par Mme Ve LETELLIER, place Nationale, au centre de la ville, à proximité du Chemin de fer et des Bains de mer. (Table d'hôte, et restaurant à la carte.)

Ruines du château d'Arques.

TABLE DES MATIÈRES.

—◦⊕◦—

———